Guia de Sobrevivência na Selva Empresarial

*Guia de
Sobrevivência na
Selva Empresarial*

Guia de Sobrevivência na Selva Empresarial

AUGUSTO DIAS CARNEIRO

ALTA BOOKS
EDITORA
Rio de Janeiro, 2017

Guia de Sobrevivência na Selva Empresarial
Copyright © 2017 da Starlin Alta Editora e Consultoria Eireli. ISBN: 978-85-508-0137-7

Todos os direitos estão reservados e protegidos por Lei. Nenhuma parte deste livro, sem autorização prévia por escrito da editora, poderá ser reproduzida ou transmitida. A violação dos Direitos Autorais é crime estabelecido na Lei nº 9.610/98 e com punição de acordo com o artigo 184 do Código Penal.

A editora não se responsabiliza pelo conteúdo da obra, formulada exclusivamente pelo(s) autor(es).

Marcas Registradas: Todos os termos mencionados e reconhecidos como Marca Registrada e/ou Comercial são de responsabilidade de seus proprietários. A editora informa não estar associada a nenhum produto e/ou fornecedor apresentado no livro.

Impresso no Brasil.

Obra disponível para venda corporativa e/ou personalizada. Para mais informações, fale com projetos@altabooks.com.br

Copidesque
Shirley Lima da Silva Braz

Editoração Eletrônica
Estúdio Castellani

Revisão
Andréa Campos Bivar | Jussara Bivar

Produção Editorial
Elsevier Editora - CNPJ: 42.546.531./0001-24

Erratas e arquivos de apoio: No site da editora relatamos, com a devida correção, qualquer erro encontrado em nossos livros, bem como disponibilizamos arquivos de apoio se aplicáveis à obra em questão.

Acesse o site www.altabooks.com.br e procure pelo título do livro desejado para ter acesso às erratas, aos arquivos de apoio e/ou a outros conteúdos aplicáveis à obra.

Suporte Técnico: A obra é comercializada na forma em que está, sem direito a suporte técnico ou orientação pessoal/exclusiva ao leitor.

A editora não se responsabiliza pela manutenção, atualização e idioma dos sites referidos pelos autores nesta obra.

CIP-Brasil. Catalogação-na-fonte
Sindicato Nacional dos Editores de Livros, RJ

C287g	Carneiro, Augusto Dias Guia de sobrevivência na selva empresarial : aprenda a escolher a empresa certa para trabalhar, potencializar a produtividade da equipe e gerar melhores resultados, organizar melhor o seu tempo, produzir uma reunião eficaz / Augusto Dias Carneiro. – Rio de Janeiro: Alta Books, 2017. Inclui bibliografia ISBN: 978-85-508-0137-7 1. Executivos. 2. Homens de negócios. 3. Sucesso. 4. Sucesso nos negócios. I. Título.
08-5379.	CDD: 650.1 CDU: 65.011.4

Rua Viúva Cláudio, 291 — Bairro Industrial do Jacaré
CEP: 20970-031 — Rio de Janeiro - RJ
Tels.: (21) 3278-8069 / 3278-8419
www.altabooks.com.br — altabooks@altabooks.com.br
www.facebook.com/altabooks

PREFÁCIO

Muitos jovens executivos (e alguns não tão jovens assim!) me perguntam como funcionam as coisas dentro de uma grande empresa moderna. Dizem que a literatura do mundo dos negócios, quando aborda o assunto, o faz de forma rebuscada e espalhada em vários livros diferentes. Será – perguntam eles – que não existe um livro só que, arrumado como se fosse uma obra de referência, cubra os quesitos básicos? Algo assim – dizem eles – como aqueles manuais de sobrevivência na selva que certas Forças Armadas do Primeiro Mundo publicam desde a década de 1950, quando suas tropas crescentemente se encontraram metidas em conflitos armados no Terceiro Mundo?

Então, resolvi escrever um.

E, sabendo que todo executivo dedicado gostaria de ter à mão, no escritório, alguns livros pertinentes, incluí sugestões de quais deveriam ser.

Alguns de vocês lembrarão que falo em escrever este livro desde o início da década de 1980. Cheguei a reservar algumas sextas-feiras de 1988 para escrevê-lo e nunca passei de meia dúzia de páginas. Na época, eu falava também de uma versão em inglês, com conteúdo diferente, voltada a executivos estrangeiros expatriados no Brasil (quem sabe ainda escrevo esse?).

Leitores habituais do *newsletter* que publiquei mensalmente em meu site www.zaitech.com.br, entre agosto de 2003 e maio de 2007, certamente reconhecerão alguns dos temas expostos aqui.

Tentei minimizar o uso de palavras em língua estrangeira. Apesar do apoio da minha irmã Teresa Dias Carneiro, tradutora bissexta, não fui muito bem-sucedido. Não encontrei, por exemplo, uma boa palavra em português para *coach*, nem para *headhunter*, nem para *workaholic* (*trabalhólatra?*). Misturei deliberadamente os gêneros, usando indistintamente "ele" e "ela", e há algumas instâncias de "ele/ela". Há, contudo, um trecho em que me dirijo especificamente às mulheres executivas.

Tentei ser sério sem ser chato. Se você está numa livraria e acaba de pegar este livro, abra numa página qualquer. Se você aprender alguma coisa, e se eu consegui ser sério sem ser chato, diga-me isso pelo e-mail augusto@zaitech.com.br. E se você tem idéias sobre como aprimorá-lo, quero conhecê-las pelo mesmo e-mail.

Claro que começo agradecendo aos editores. Cláudio Rothmuller, da Campus/Elsevier, quis editar este livro desde a primeira vez que escutou falar dele. Caroline Rothmuller operacionalizou tudo com seriedade e profissionalismo. E, *last but not least*, Mônica Lampreia, minha companheira de 24 anos, sem cujo apoio e incentivo este livro nunca teria acontecido.

SUMÁRIO

AGENDA	3
APRENDER	3
APRESENTAÇÃO	5
ÁRVORES (DO CONHECIMENTO)	8
AVALIAÇÃO (DE DESEMPENHO)	10
BRAINSTORMING	14
BREAK-OUT	16
CARREIRA, GESTÃO DE	17
CENÁRIOS	19
CHEFE	21
CLIENTE	22
COACH	23
COMPETÊNCIAS	24
CONHECIMENTO, TRABALHADORES DO	27
CONSELHO DE ADMINISTRAÇÃO	30
CONSULTOR	31
CRIATIVIDADE	33
CONVERSAS DECISIVAS	39
CULTURA (DA EMPRESA)	42
DECIDIR	47

DELEGAR	49
DEPENDÊNCIA	52
DESCARRILHAMENTO	54
DESCRIÇÃO (DE CARGO)	55
DINHEIRO	59
E-MAIL	61
EMPREGO	62
EMPRESA	69
EMPRESA (PRÓPRIA)	74
ENSINAR	80
ENTREVISTA (DE RECRUTAMENTO)	82
EQUIPE	85
ERRAR	89
ESTRELAS	92
FINANÇAS	94
FLEX-TIME	94
GOVERNANÇA CORPORATIVA	95
GROUPTHINK	95
GRUPO	99
GRUPOS INVOLUNTÁRIOS	99
HEADHUNTERS	101
HISTÓRIAS	102
INOVAÇÃO	104
JULGAMENTO	108
LÍDER	109
LÍNGUAS	112
MENTOR	113
MUDANÇA, RESISTÊNCIA À	119
NEGOCIAÇÕES	121
ORGANIZAÇÕES, DESENHO DE	123
PATROCINADOR	126
PLANO	127
PLATÔ	128

POSSIBILIDADE59	130
PROMOÇÃO	132
PROPÓSITO	132
RAPIDEZ	135
RECRUTAMENTO	136
RESULTADOS	139
REUNIÃO	140
ROTATIVIDADE	144
TELEFONE	149
TESTES	150
TÓXICA, EMPRESA	152
TRABALHO	156
TRAJETÓRIAS (DE CARREIRA)	161
TRANSPARÊNCIA	163
VALOR, GESTÃO DE	164
VIDA	164
WORKAHOLISMO	167
REFERÊNCIAS	169

AGENDA

Mais cedo ou mais tarde, todas as pessoas muito ocupadas apelam para algum tipo de agenda. Alguns preferem a agenda de papel; outros, a eletrônica. Não importa (e você sempre pode mudar de opinião no próximo final de ano!), desde que: (1) ela esteja à mão quando você precisar dela e (2) você realmente compareça aos compromissos assumidos. Se alguém cuida de sua agenda, você com certeza vai preferir a opção eletrônica, pois lidar com a conciliação constante de agendas pode virar um pesadelo.

Se você optar pelo tipo eletrônico, certifique-se de que o aparelho seja compatível com o software de agenda de seu computador, pois algumas interfaces podem ser problemáticas. Se você optar pela agenda de papel, uma dica é escrever o compromisso a lápis até que seja confirmado, quando, então, é passado a limpo à tinta. Sites de fusos horários como o www.timeanddate.com ajudarão a verificar se o horário está certo ao marcar telefonemas para locais com fusos distintos. Isso é particularmente importante em março/abril e outubro/novembro, quando muitos países entram ou saem do horário de verão.

APRENDER

Vide também **Ensinar**.

O mundo moderno ficou complexo demais para encerrarmos nosso aprendizado no final da educação formal. Estamos na era do *Aprendizado Contínuo*, cujo principal guru é Peter Vaill.[1] Curiosa essa postura, vinda de um expoente da educação formal (ele é professor da George Washington University School of Business and Public Management, onde também dirige programas de PhD). Não importa, porque tudo indica que o modelo ideal de *aprendizado contínuo* do executivo do futuro

---

[1] Peter Vaill. *Aprendendo Sempre: Estratégias para Sobreviver num Mundo em Permanente Mutação*. São Paulo: Futura, 1997.

parece ser uma mistura cuidadosa de educação formal com aprendizado autodirigido.

A proposta é revolucionária: a condenação do ensino convencional, por absolutamente inadequado aos desafios da vida moderna, é quase completa. A solução é que as pessoas coloquem o aprendizado contínuo como fio condutor de sua vida, direcionando, elas mesmas, esse esforço, em vez de confiá-lo ao sistema educacional estabelecido.

O aprendizado tradicional ocorria em instituições acadêmicas que as pessoas freqüentavam, durante certo período de sua vida, em tempo integral, e às quais nunca retornavam. Depois disso, fora aqueles cursos esparsos e seminários breves, alguns patrocinados pelas empresas, não ocorria mais aprendizado. Nesses programas institucionalizados, outra pessoa decidia o que devíamos aprender, e criava um complicado sistema de avaliação de desempenho, o qual, por sua vez, fazia os alunos competirem entre si. Pior, o material muitas vezes apresentava teorias que só eram válidas em situações estáticas, ditas "de equilíbrio".

O mundo moderno é tudo, menos estático. A proposta do professor Vaill é que devemos mudar nossa postura de vida e adotar o aprendizado contínuo como a principal prioridade de nossa vida profissional e pessoal. Ele propõe uma escala (que chamei de Zen) com sete etapas cumulativas ou degraus, em que a sétima é o "aprender a aprender" de alguém que finalmente decifrou o código de viver aprendendo. Os exploradores (isto é, pessoas que escalam o Everest ou dão a volta ao mundo sozinhas, em barcos a vela) são metáfora recorrente, porque, a partir de um objetivo final, estão constantemente considerando diferentes rotas para atingi-lo.

Ele também apresenta algumas excelentes vinhetas sobre o dilema central do aprendizado, em que, para se aprender, é preciso primeiro admitir ignorância e incompetência e assim atingir a humildade necessária à absorção de aprendizado.

E, para aqueles entre nós que fizeram curso superior entre o início dos anos 60 e meados dos anos 70, ou seja, no auge da moda do "enfoque sistêmico", o professor Vaill faz um poderoso apelo em prol do renascimento do conceito.

Aprender é um tema tão importante que tem dois representantes na biblioteca mínima: este, de Peter Vaill, e *A Quinta Disciplina*, de Peter Senge.[2]

APRESENTAÇÃO

Curiosamente, hoje em dia, os executivos, principalmente os mais jovens, são julgados por sua capacidade de fazer boas apresentações. Não nego que seja uma habilidade muito importante, mas selar o futuro de alguém a partir de uma apresentação bem-feita ou malfeita me parece certo exagero. Joy Leach, minha coach supervisora, criou, com alguns colegas, um site totalmente dedicado ao tema (www.presentwithpower.com). Nele, há 10 dicas úteis para quem quiser fazer uma apresentação, e fui autorizado a citá-los *ipsis litteris*:

- **Dica 1: Crie uma relação com a platéia antes mesmo de começar**
  Essa dica o ajudará a aumentar seu nível de conforto, estabelecendo uma relação inicial com sua platéia. Chegue cedo, cumprimente e conecte-se com o público antes da apresentação. Dê-lhes as boas-vindas e *aperte suas mãos*. Informe-se sobre seu público: por que vieram, em que a apresentação lhes será útil, quais são os conhecidos que vocês têm em comum.

- **Dica 2: Relaxe um pouco antes de começar**
  Um pouco antes de começar, em vez de rever suas anotações com a intenção de "decorá-las", use o tempo para uma conversa positiva consigo mesmo. Lembre-se de que você foi convidado para ser o palestrante porque conhece o assunto. *Respire*, descubra uma maneira de relaxar o corpo, sinta-se sorrir à medida que vai liberando a tensão do rosto. Os rituais de relaxamento mental e físico lhe prestarão um

---

[2] Peter Senge. *A Quinta Disciplina*. Rio de Janeiro: Best Seller, 2007.

serviço de muito mais valia do que tentar enfiar à força na cabeça, na última hora, informações que provavelmente já foram incorporadas.

- **Dica 3: Dê à platéia um roteiro de sua apresentação**
  Um resumo oral ou visual, em linhas gerais, fornecerá à sua platéia um roteiro que a ajudará a entender a apresentação. Frases do tipo "Agora falaremos de três ótimas maneiras de persuadir seus clientes" mostram à sua platéia que rumo a apresentação tomará. O público começa a criar categorias distintas na mente, em que serão armazenadas as informações que você dará.

- **Dica 4: Esclareça perguntas para si mesmo e para a platéia**
  Nem todo mundo articula claramente a pergunta que tem em mente. Pode ser que você fique se perguntando se realmente entendeu a pergunta. Você pode querer reformulá-la dizendo: "Estou entendendo que você está me perguntando sobre... Estou no caminho certo?" Ou então pergunte à platéia: "Algum de vocês já teve experiência com isso? O que vocês sugeririam?" Essa é uma boa maneira de envolver a platéia na parte reservada a perguntas e respostas.

- **Dica 5: Explicite perguntas camufladas dentro de outra pergunta**
  Perguntas hipotéticas quase sempre significam que há uma preocupação subjacente que não está sendo explicitada. Use todos os meios para explicitar a questão verdadeira: "Você está preocupado com o fato de que os clientes possam achar meio confuso nosso novo processo de faturamento?" Como palestrante, você ganhará o respeito da platéia por ter ido direto ao xis da questão. Esteja atento ao que não está sendo dito!

- **Dica 6: Seja memorável**
  Reserve um tempo para perceber e desenvolver uma qualidade que o torne inesquecível. Pode ser que você tenha uma voz maravilhosa, um

gestual eficaz, um sorriso cativante, senso de humor ou a capacidade de contar histórias para chegar ao ponto desejado. Se você não tem nenhuma dessas quatro habilidades, a mais fácil de adquirir no curto/médio prazo é contar histórias. Ser memorável acrescenta impacto e força à sua mensagem. Vide Dica 7 a seguir e o verbete **Histórias**.

- **Dica 7: Incremente sua apresentação com uma história**
  Sua platéia reagirá positivamente a uma história adequada. As histórias servem para que eles saibam que você entende seu mundo, são uma forma atrativa de transmitir informações, e uma maneira de incrementar e animar sua apresentação. Para fazer uma história funcionar, você precisa ter um motivo claro para introduzi-la. Saiba o que você quer que a platéia aprenda com ela. Conte-a de maneira interessante, oferecendo detalhes relevantes, e certifique-se de que tenha início, meio e fim, para que eles possam entendê-la!

- **Dica 8: Use o poder de sua voz**
  A maneira como você usa a voz é um componente-chave para causar impacto e passar sua mensagem. Trata-se de uma ferramenta poderosa, que você poderá desenvolver facilmente em seu benefício. Lembre-se de prestar atenção a três aspectos: tom, ritmo e projeção. A voz pode ser seu recurso mais valioso como apresentador!

- **Dica 9: Transmita energia com seus gestos**
  Os gestos pontuam e dão vida à sua mensagem. Adapte seus gestos ao assunto: em excesso, eles distrairão; feitos naturalmente, despertarão interesse e darão dinamismo à apresentação. O método mais simples e prático é manter os gestos na distância entre a cabeça e a cintura, para que possam ser vistos e pareçam sob controle e profissionais. Observe outros palestrantes que você considere particularmente eficazes (ou não!) e aprenda com eles.

- **Dica 10: Exercite fazer contato visual direto**
 O contato visual direto ajuda a conectar-se com as pessoas e estimula o estabelecimento de uma relação. Também ajuda a manter o controle do que está acontecendo com a platéia. Eles estão "captando"? Estão ligados ou desconcentrados? Estabeleça contato visual com uma pessoa de cada vez por cinco a oito segundos e depois passe para outra. De preferência, alguém que demonstre claramente estar apreciando sua apresentação. As pessoas da platéia vão gostar de ser notadas e incluídas.

ÁRVORES (DO CONHECIMENTO)

Árvores do Conhecimento, ou Árvores do Aprendizado, são conexões entre pessoas que podem ser acionadas para difundir o conhecimento rapidamente ou obter feedback honesto. Funciona assim: se você ensinar algo a três pessoas, diga-lhes que cada uma delas tem uma semana para ensinar a mesma coisa para outras três pessoas. No oitavo dia, 12 pessoas terão aprendido algo. Agora peça a estes 9 que acabaram de aprender para, cada um, no período de mais de uma semana, ensinar a mesma coisa a 3 pessoas. Ao final de duas semanas, 39 pessoas (3 × 9 = 27, + os 12 anteriores = 39) terão aprendido algo novo com investimento negligível.

Muitos programas nunca saem do papel porque as pessoas nunca acham o tempo ocioso necessário para o treinamento e/ou não têm dinheiro suficiente para as inevitáveis despesas de treinamento. O método da Árvore pode superar essas dificuldades rapidamente a um custo insignificante. Suspeito que muitas iniciativas de treinamento (importantes, mas não urgentes) são abandonadas neste primeiro passo ou então são adiadas indefinidamente por falta de verba.

Dois excelentes exemplos recentes de iniciativas importantes que deslancharam com o método da Árvore são o lançamento de um programa de Mentoramento (vide o verbete **Mentor**) e um programa de contratação/promoção/sucessão segundo o conceito de "Leadership Pipeline".[3] Outros clientes que precisam rapidamente ensinar muitas pessoas sobre temas como saúde, segurança, meio ambiente e qualidade acharam o método da Árvore não só barato e rápido, como também consideram que ele energiza a equipe toda a adotar uma nova maneira de pensar.

Suspeito ainda que a transmissão de conhecimento a três pessoas de cada vez, e não de uma só vez para a equipe toda, quase sempre gera uma experiência de aprendizado mais rica para todos os envolvidos. Sem falar que as pessoas se sentem orgulhosas por terem ensinado algo novo a três outras.

A abordagem da Árvore só funcionará se você especificar o retorno mínimo esperado, isto é, você tem de especificar cuidadosamente o nível mínimo de conhecimento/habilidades esperado de todos ao final do processo.

Por exemplo, suponha que você queira melhorar a maneira como os participantes de sua equipe fazem descrições de cargo SMART (vide o verbete **Descrição de Cargo**). No início, você, depois de ensiná-los sobre SMART, diz a seu grupo imediato de três pessoas que espera que todos na equipe sejam capazes de fazer uma descrição de cargo SMART, para qualquer um de seus subordinados, em um mês. Como a transmissão inadequada em um nível de Árvore tende a piorar no nível seguinte, é essencial que você, em todos os níveis da Árvore, insista no resultado mínimo esperado de todos.

O que se disse sugere um corolário importante: você não deve usar o método das Árvores para transmitir conhecimento conceitual e abstrato, cuja retenção é difícil de medir, e mais ainda de avaliar.

É fácil identificar as pessoas que se mostram ineficazes na transmissão de conhecimento, pois todos aqueles localizados além dessa pessoa na Árvore serão afetados de modo adverso. Se isso acontecer, você deve agir rapidamente para remediar a situação, mudando essas

---

[3] Jay Conger e Robert Fulmer. "Developing your Leadership Pipeline". *Harvard Business Review*, dezembro de 2003.

pessoas que têm desempenho abaixo do esperado para os "ramos" mais distantes da Árvore. Depois, à medida que eles forem aperfeiçoando suas habilidades, lentamente traga-os de volta para suas posições anteriores. Com o passar do tempo, isso ocorrerá cada vez menos, pois as pessoas tendem a desenvolver o próprio sistema de monitoramento mútuo.

As Árvores também são usadas para obter feedback rápido e sincero de sua equipe. Faça uma pergunta a três pessoas e peça-lhes para fazer a mesma pergunta a seu grupo imediato de três pessoas, e assim por diante, pedindo-lhes que voltem a você dentro de dois dias trazendo feedback. Como a identidade da pessoa que está dando feedback é preservada, este será muito mais sincero do que quando se pede que a pessoa preencha um questionário. Dois dias depois, você obterá "...% são a favor, ...% são contra, ...% são indiferentes, e eis alguns dos comentários que recebi".

As Árvores foram inventadas nos anos 60 pelas organizações guerrilheiras. O objetivo era que, se alguém fosse capturado e torturado, entregaria no máximo três colegas. Com o Neighborhood Watch, cresceu muito durante a década de 1980 em certas cidades norte-americanas notoriamente perigosas. Refletem e respeitam uma tendência inata de como as pessoas tendem a se comunicar entre si.

Então, tente fazer isso na próxima vez em que precisar que todos aprendam alguma habilidade tangível de forma rápida e barata. Crie as árvores, mantenha-as para treinamento futuro e necessidade de feedback. E, de vez em quando, mova as pessoas com desempenho abaixo do esperado para os extremos da árvore, ou seja, abaixo de pessoas com desempenho acima do esperado.

AVALIAÇÃO (DE DESEMPENHO)

Se você é o avaliado e acaba de receber sua avaliação de desempenho, tente fazer da entrevista devolutiva com seu chefe uma oportunidade de aprendizado. Se não está prevista uma entrevista devolutiva, insista em uma, independentemente de você estar ou não feliz com sua avaliação, e, mesmo que você não tenha grande respeito por seu chefe, faça dela uma oportunidade de aprendizado para você e, quem sabe, para ambos. Lembre-se de que é melhor ter uma avaliação ruim em um ou dois quesitos que uma avaliação média em todos: aí você tem uma agenda de aprendizado tangível. Encerre a devolutiva negociando uma agenda de aprendizado com seu chefe, negociando recursos (físicos, financeiros, humanos, tecnológicos) sem os quais você não conseguirá atingir seus objetivos, e marcando entrevistas 90-180 dias à frente para discutir seu progresso. Depois, envie um e-mail para ele, sem cópias, sumarizando o que foi discutido e acordado.

Se você é o avaliador e inicia o preenchimento dos formulários de avaliação de desempenho de seus subordinados, junte todo o material pertinente sobre cada um e faça um rascunho da avaliação. Em seguida, releia cada um (de preferência, no dia seguinte) perguntando a si mesmo: 1) se foi justo com aquela pessoa e 2) se explorou todas as oportunidades para fazer desse ciclo de avaliação uma experiência concreta de aprendizado para ambas as partes. Haverá situações em que você sentirá que não conhece um subordinado o suficiente para avaliá-lo: se isso acontecer, marque um almoço ou café-da-manhã com ele e abra o jogo. Preencha a avaliação em sua forma final, compare as avaliações que fez de cada subordinado para se certificar de que foi consistente e marque as entrevistas devolutivas. Eu prefiro entregar os formulários ao subordinado dois dias antes da entrevista devolutiva, mas isso não é uma regra rígida.

Se você está projetando um sistema de avaliação de desempenho em sua empresa, comece pelo Propósito da organização (vide o verbete **Propósito**) e certifique-se de que todos o compreendem bem. Depois, verifique quais são as competências fundamentais (vide o verbete **Competências**) definidas para sua empresa. Se a escala de competências de sua empresa não existe, ou foi definida há mais de dois ou três anos, contrate uma das empresas de consultoria capacitadas a fazer isso. Só inicie a construção da avaliação de desempenho depois que estiver totalmente confortável com os dois pré-requisitos citados. Se, além disso, sua empresa já tem um sistema sólido de negociação anual de metas e objetivos, de cima para baixo, entre chefes e subordinados, tanto melhor. Seu próximo passo é definir se você quer ou não criar uma avaliação de desempenho 360 (uma avaliação de desempenho 360 é aquela em que o chefe imediato avalia o subordinado e, em seguida, é avaliado por pares e subordinados). Avaliações 360 só funcionam em empresas com um clima interno entre bom e excelente. Seu sucesso é limitado em empresas familiares, e em empresas nas quais o ambiente interno é altamente politizado. Certifique-se de que todas as competências predefinidas constem de seu formulário de avaliação. Se todo mundo já tem metas claras, quantitativas e qualitativas, previamente definidas, inclua-as também. Crie um sistema de pontos que seja de fácil compreensão (se você não tem idéia melhor, use o tradicional excelente/muito bom/satisfatório/aquém do desejável/insuficiente). Lembre-se de que seu sistema de pontuação deve permitir definir claramente: os 10% do topo (Inovadores), os 80% do meio (Colaboradores), e os 10% de baixo (Atrapalhadores). O momento ideal para fazer as avaliações de desempenho é uma vez por ano, logo após a publicação dos resultados do ano anterior. Insista em devolutivas face a face entre chefe e subordinado. Lembre-se de que a avaliação de desempenho é campo fértil para se perpetrar toda espécie de maldade dentro das organizações: a mais comum, e talvez a mais malvada, é no próximo *round* de corte de despesas a empresa escolher os funcionários a serem demitidos a partir de avaliações de comportamento feitas por pares *apenas* (ou seja, ignorando outros fatores, como resultados tangíveis que essas pessoas possam ter atingido). Uma vez cumprido um ciclo de avaliações, introduza aprimoramentos como: 1) dedicar um terço da avaliação a temas que olhem para o futuro, incluindo, mas não limitados a, estimar o potencial de carreira do avaliado, e formas de expandi-lo no médio prazo, 2) um quesito sobre a habilidade de cada um fazer avaliações de desempenho de seus próprios subordinados, incluindo a qualidade da entrevista devolutiva, e 3) usar instrumentos de Gestão de Valor.[4] Lembre-se de que não existe um sistema perfeito de avaliação de desempenho e, para permitir que se lide com isso no mundo real, certifique-se de que a pontuação final contenha um componente subjetivo de 15% a 20% do total de pontos.

---

[4] Copeland, Thomas, Koller, Thomas e Murrin, Tim. *Valuation: Measuring and Managing the Value of Companies*. Nova York: John Wiley and Sons 2000. Se você prefere em português, recomendo Aswath Damodaran, *Avaliação de Investimentos: Ferramentas e Técnicas para a determinação de Qualquer Ativo*. Rio de Janeiro: Qualitymark, 2008.

BRAINSTORMING

Você acha que tira o maior proveito possível das sessões de *brainstorming* com as equipes das quais faz parte? A maioria das pessoas responderia "não" a essa pergunta. Parte do problema reside na definição frouxa do que seja uma sessão de *brainstorming*. O *brainstorming*, mesmo quando realizado "corretamente" (independentemente do que isso queira dizer), tem uma falha inerente: *é muito difícil ter idéias inteligentes e, ao mesmo tempo, acompanhar todas as idéias brilhantes – e outras nem tão brilhantes assim – que todo mundo em volta está propondo*. Há esperança: as pesquisas têm mostrado que pequenas mudanças no processo de *brainstorming* podem aumentar significativamente sua eficácia. A seguir, estão algumas sugestões:

1. Descreva o problema/desafio/situação precisa e detalhamente, de preferência um dia antes.
2. Inicie a reunião dando de 15 a 20 minutos para que cada um faça a própria sessão de *brainstorming* individual.
3. Em seguida, junte todos os membros da equipe e peça que cada um fale das idéias que teve. Estimule certo grau de caos, deixe que as pessoas falem simultaneamente, que se interrompam etc., isto é, **não** peça que fale um de cada vez, lendo uma lista, enquanto os outros permanecem em silêncio (além de ser *muito enfadonho*, é a melhor maneira de estragar essa fase do processo). Escreva no quadro resumidamente o input de cada um, bem como os comentários dos outros ao input de cada um. Ao final, idealmente, haverá no quadro uma mistura saudável de contribuições individuais e coletivas.
4. Depois, organize o que estiver escrito no quadro por "vertentes", agrupando idéias semelhantes em cada vertente. Pode ser útil usar indicações que diferenciem: (A) uma idéia que *amplie* uma vertente de (B) uma idéia que *fortaleça* uma vertente (já vi um facilitador fazer isso com grande eficácia usando novelos de lã de diferentes cores, cada cor conectando idéias da mesma ver-

tente). Mantenha um ritmo animado e certifique-se de que todos os membros da equipe estejam participando com entusiasmo. Ao terminar essa etapa, você terá pelo menos duas ou três vertentes na parede.

5. Agora, vem o que se chama ***break-out***: divida a equipe em grupos menores, cada um deles encarregado de uma vertente. *Certifique-se de que as pessoas que tiveram determinada idéia estejam no grupo que vai debatê-la.* Dê 15 minutos para esses grupos menores se reunirem em um canto da sala e designem um relator, isto é, uma pessoa que consiga falar com eloqüência sobre a vertente do grupo.

6. (Opcional, mas útil, exceto em *brainstorms* de questões muito simples.) Depois, faça um rodízio dos grupos, de forma que todos tenham a oportunidade de acrescentar algo à vertente dos outros.

7. Em seguida, reconstitua o grupo original de cada vertente e peça que seus membros botem as idéias de sua vertente no papel. Lembre a todos que devem fazer isso com o intuito de convencer o público-alvo. Se o objetivo do exercício é apresentar uma proposta para o Conselho de Administração da empresa, este é o público-alvo. Se for um pedido de empréstimo ao BNDES, o público-alvo é o corpo técnico do BNDES. Se for uma solicitação de proposta para pesquisa de mercado, o público-alvo são as empresas de pesquisas de mercado que serão convidadas para apresentar a proposta. Ao final, anuncie que, na etapa seguinte, só sobreviverá uma vertente, e que o grupo se reunirá inteiro dentro de meia hora. Isso permitirá que as pessoas que têm idéias fortes sobre determinada vertente tenham tempo para "converter" os adeptos das outras vertentes.

8. Agora, reúna o grupo inteiro e "desempate" as vertentes. Anuncie que o grupo tem 45 minutos para escolher apenas uma. Esclareça que não se trata de uma votação, mas sim de um consenso, ou seja, para o mundo exterior ao grupo, a solução final terá sido de *todos* os membros do grupo.

Uma variação interessante do *brainstorm* é chamada de *brainwrite*, que pode ser feita com sucesso em ambiente virtual on-line. Funciona assim:

1. Descreva o problema/desafio/situação precisa e detalhadamente, de preferência um dia antes.
2. Todos se sentam em torno de uma mesa, cada pessoa com uma folha de papel em branco. Deixe mais papel em branco à disposição sobre a mesa.
3. Cada pessoa escreve/desenha uma idéia, põe a folha em uma pilha no centro da mesa e pega outra folha de papel contendo a idéia de outra pessoa.
4. Cada pessoa tenta acrescentar algo à idéia. Se conseguir, suas anotações devem ser feitas na mesma folha de papel. Depois, conseguindo acrescentar algo ou não, o papel é posto de volta na pilha no centro e outra idéia/folha é pega e assim por diante.
5. Se, durante a Etapa 4, uma pessoa tiver outra idéia, ela deve escrevê-la/desenhá-la em outra folha em branco e depois colocá-la na pilha no centro, tirar outra folha e assim por diante.

BREAK-OUT

Vide **Brainstorming**.

CARREIRA, GESTÃO DE

Certo executivo bastante conhecido, e com muita senioridade para seus poucos anos de idade, procurou-me em 2004. Ele estava extremamente frustrado, pois seus esforços em apresentar-se cuidadosamente em todas as grandes empresas de busca de executivos não haviam gerado uma oferta de emprego à altura de seus anseios de criação de valor. Reunimo-nos e desenhamos o seguinte procedimento:

Primeiro, liste cinco companhias nas quais você gostaria muito de trabalhar. Use Google, CVM, Edgar, Hoover, Transnationale.org e publicações do tipo Maiores e Melhores, e Melhores Empresas para se Trabalhar. Obtenha toda a informação sobre seu passado, presente e futuro que seja de domínio público. Talvez você queira examinar alguns dos concorrentes também, para determinar onde eles excedem seus concorrentes, e onde seus concorrentes são melhores.

Agora, identifique os seguintes personagens, dentro de cada empresa:

- O *Foco de Receptividade*, ou seja, alguém que conheça você e que ou trabalhe na empresa ou tenha laços pessoais/profissionais fortes com ela. Essa pessoa não precisa ser importante na empresa, nem mesmo fazer parte do ciclo de recrutamento,[5] mas é fundamental que seja uma pessoa observadora da empresa e de seu funcionamento interno. Sites de relacionamento tipo linkedin.com podem levá-lo rapidamente ao amigo de um amigo que trabalha numa de suas empresas-alvo. Este o ajudará a identificar o personagem seguinte, que é:
  - O *Cliente Interno*. É seu potencial futuro chefe, ou seja, a pessoa dentro da empresa que provavelmente está contratando, ou que estaria potencialmente interessada em contratar alguém

---

[5] Muitas pessoas que adotam esse procedimento para conseguir seu próximo emprego me informam que até *preferem* que o foco de receptividade não tenha relação alguma com o processo de recrutamento da empresa. Alegam que a pessoa, quando desvinculada do ciclo de recrutamento, fala muito mais à vontade sobre a empresa.

como você. Suas conversas com essa pessoa eventualmente o levarão a conhecer:

- O *Comprador Técnico*, ou seja, a pessoa que o entrevistará por suas habilidades técnicas e gerenciais. Esse personagem tem muito mais poder do que parece. Por ter mais poder de *veto* que de *voto*, e por muitas vezes ser um potencial futuro par, seu julgamento nem sempre é imparcial. Ou seja, é um personagem cujo apoio à sua candidatura deve ser conquistado cuidadosamente. Em determinado momento do processo, este, ou o Cliente Interno, solicitará que você seja entrevistado pelo:
- *Comprador Financeiro*, ou seja, a pessoa que, no momento adequado, vai negociar a remuneração com você.

Os dois personagens seguintes são o*pcionais*, mas podem ser de um valor inestimável se você identificá-los e aproximar-se deles:

- O *Foco de Estratégia*, um vice-presidente que pode descrever para onde a empresa vai no futuro. Este só lhe será realmente útil se não repetir o que já está descrito no site da empresa.
- O *Foco de Insatisfação* é a pessoa dentro da companhia que está notoriamente insatisfeita com a direção das coisas por lá. Não é comum essa pessoa ser identificável de fora da empresa. Mas o Foco de Receptividade pode identificar para você o Foco de Insatisfação.

Os personagens citados foram listados em ordem decrescente de prioridade. Você não precisa identificar todos logo de saída, muito menos antes da primeira entrevista! E vale lembrar que uma pessoa pode ter mais de um papel.

Lembre-se de que você está fazendo esse exercício paralelamente em até cinco empresas.

Durante todo o processo, lembre-se de que as pessoas compram *vantagens*, não compram *características*. Na terminologia de Gestão de

Valor, uma vantagem é uma característica sua que vai inequivocamente agregar valor à empresa (isto é, maximizar a riqueza dos acionistas). Então, *não perca seu tempo descrevendo suas excelentes qualidades sem antes ter-se certificado quais delas a empresa preza.*

CENÁRIOS[6]

Existem diversas técnicas para se fazer Planejamento Estratégico. Algumas delas entram e saem de moda. Neste livro, vou falar de apenas uma: a dos Cenários, criada na Shell em 1972. Escolhi esta porque resistiu ao teste do tempo, permitiu à Shell (uma empresa séria, grande e complexa) navegar por alguns obstáculos bem difíceis das últimas décadas, e é um dos métodos de planejamento estratégico sobre o qual se escreve muita bobagem. A Shell credita ao Planejamento usando Cenários o fato de ter se equipado com bastante antecedência para lidar com os choques do petróleo de 73,[7] 79 e 86, o fim da União Soviética e a radicalização do mundo muçulmano. Planejamento usando Cenários não é, no entanto, uma panacéia: durante esse período, a Shell também cometeu diversos erros de planejamento, em particular investimentos malsucedidos, feitos nas décadas de 1970 e 1980, e desfeitos na década de 1990, e a tragédia de relações públicas que foi a decisão em 1995 de se livrar da plataforma-tanque Brent Spar afundando-a no Mar do Norte.

O "pai" do Planejamento usando Cenários na Shell foi Pierre Wack, falecido em 1997. Mas aprendemos a fazer Planejamento usando Cenários com três discípulos dele, Arie de Geus, Peter Schwartz e Kees van der Heijden.[8] Por intermédio deles, muitas outras empresas adotaram o

---

[6] Neste verbete, citei liberalmente do artigo de Art Kleiner "The Man Who Saw the Future", publicado na edição Primavera 2003 da revista da Booz Allen *Strategy+Business* (www.strategy-business.com).
[7] O primeiro relatório emitido pelo grupo de Pierre Wack em outubro de 72 alertava a empresa exatamente para essa crise, que veio a ocorrer um ano depois, em outubro de 1973.
[8] Arie de Geus trabalhou na Shell brasileira e tem diversos livros publicados no Brasil.

método. E alguns países também. O governo da África do Sul planejou e executou o fim do apartheid de forma pacífica usando o método e credita a ele seu sucesso.

Altamente simplificado, o processo é assim:

- *Planejamento* não é *Previsão*. Na realidade, o planejamento começa com algumas previsões macroeconômicas de origem confiável.
- Dessas, mais uma conversa com economistas, cientistas políticos e sociais, a equipe determina quais são as tendências globais que farão mudança substancial na sociedade dois a cinco anos à frente.
- Como algumas dessas tendências podem evoluir de forma não-linear, faça um elenco de possíveis eventos futuros, oriundos dessas tendências, que, se ocorrerem, terão um impacto substancial no mundo, e por isso na operação da empresa. Esses eventos se chamam "eventos gatilhadores".
- Desenvolva uma "história" em que cada um desses eventos gatilhadores acontece, descrevendo em detalhes o que precisa acontecer antes, e as condições depois. Em cada Cenário, não tente descrever tintim por tintim o que vai acontecer no futuro, porque isso é uma tarefa impossível (pelo contrário, torcemos para alguns Cenários não acontecerem!). Dê um nome a cada um desses Cenários.[9] Embora, às vezes, cubra alguns anos, cada um desses Cenários ficará em vigor por um trimestre, mas pode ser prorrogado, como está ou com modificações, por trimestres posteriores.
- Em seu processo anual de Orçamento, faça um Orçamento "básico" e trate cada Cenário como adendo (*"overlay"*, na linguagem Shell) que somará ou subtrairá do "básico".

---

[9] Para ajudar as pessoas a se lembrarem deles, a Shell sempre usou nomes pitorescos para seus cenários, como "Mundo de Contradições Internas", "Classe Executiva", "O Esverdeamento da Rússia" e "Petróleo na Corda Bamba".

Em 1982, o método Shell já havia sido adotado por muitas outras empresas. Mas essa migração ocasionou uma triste diluição dos conceitos. Um processo que exige a formação de uma equipe pequena mas altamente qualificada, com anos e anos de pesquisa profunda, análise rigorosa, conversas dentro e fora da empresa e muitos refinamentos de cada um dos cenários, tinha se tornado um exercício leviano, um workshop de três ou quatro que reunia os executivos num hotel-fazenda.

A mensagem é clara: Planejamento por Cenários é coisa séria, e não admite versões "light".

CHEFE

Todo executivo é chefe de alguém, e todo executivo tem um chefe.

1. Se você é o chefe, lembre-se de que provavelmente não passou mais de 5% de todo seu tempo sendo treinado na vida aprendendo a ser chefe. Procure seus subordinados, isoladamente e em pequenos grupos, diga isso a eles e peça que eles o ajudem a ser um chefe melhor. Procure passar 15 minutos por semana com cada um de seus subordinados diretos para um encontro sem agenda específica (os encontros com agenda específica vão tomar muito mais que 15 minutos semanais). E tente se encontrar com cada um de seus subordinados individualmente pelo menos uma vez por ano.
2. Se você é o chefiado, lembre-se de que seu chefe pode ser muito melhor do que parece ser: como a maioria dos chefes tem pouquíssima preparação para ser chefe de alguém, a maioria não apresenta ao subordinado nem metade do potencial de chefia que poderia apresentar. Embarque numa campanha para melhorar a capacidade de chefiar de seu chefe. Peça feedback freqüente e sincero, em particular depois de ter feito uma apresentação na qual ele estava presente, ou de vocês dois terem acabado de sair de uma reunião com um cliente (ou fornecedor) importante. Isso é bom

para você (mesmo que você não morra de amores por seu chefe...) e pode ser bom para ele. Ignore as recomendações de sua empresa sobre freqüência de feedback chefe-subordinado e procure seu chefe pelo menos uma vez por mês para 15 minutos de conversa sem agenda específica. Na cultura brasileira, um subordinado que procura muito o chefe pode ser rotulado de puxa-saco e/ou adepto em delegar "para cima", e o resultado é que as pessoas tendem a reduzir o tempo que passam com o chefe ao mínimo necessário, com perdas óbvias para ambos.

CLIENTE

Se você está construindo sua carteira de clientes pela primeira vez, peça ajuda a um colega mais experiente; faça-o sentir-se honrado de ajudar um colega menos experiente. Mas antes selecione essa pessoa entre aquelas que têm um índice elevado de *"repeat business"* (segundos e terceiros negócios com clientes atuais). Fuja daqueles que trazem muitos clientes novos, mas que não conseguem mantê-los além da primeira transação.

Existem muitos profissionais – alguns com anos e anos de prática – que insistem em misturar completamente a vida social com a vida profissional. Alguns já foram rotulados como "chatos" porque estão trabalhando o tempo todo. Nada errado em convidar um cliente para jogar tênis. O problema é quando você não consegue jogar tênis sem ser com clientes!

Você provavelmente nunca será amigo de um cliente. Você provavelmente não gostaria de ser amigo de alguns clientes. Mas a relação profissional pode ser igualmente gratificante e duradoura. Mantenha sempre em mente que 1) é muito mais caro fazer o primeiro negócio com um cliente novo que fazer o segundo negócio com um cliente atual, e 2) trate seus clientes atuais com a mesma atenção que dedica a seus clientes novos, porque seus concorrentes estão fazendo exatamente isso com eles!

Se você é consultor ou coach, tem acesso a informações privilegiadas e convém ser ultracuidadoso com o que conta a terceiros sobre seus clientes. Quando em dúvida, não diga nada, nem o nome da empresa para a qual você presta serviços. Não há nada errado em tornar-se amigo deles, mas, aos primeiros sinais de que a amizade mina sua objetividade profissional, faça a escolha difícil entre perder um cliente e ganhar um amigo.

COACH

O coach é um profissional que ajuda o executivo a *viver uma vida deliberada*, seja por ajudá-lo a explicitar os resultados mais prováveis de decisões que o executivo ainda não tomou, organizar o atingimento de metas, estruturar o tempo ou identificar e planejar trajetórias de carreira. Existem diversas entidades internacionais de credenciamento, mas a ICF (International Coach Federation) é de longe a maior delas. O site da ICF, www.coachfederation.org, tem uma lista de coaches credenciados perto de você. Se e quando você quiser um, o primeiro passo é perguntar se sua empresa já tem coaches credenciados, porque tipicamente o faturamento de um coach é dois terços pessoa jurídica. Eis as perguntas que você deve fazer aos diversos coaches com quem falará:

1. Descreva a cada um que objetivos pretende atingir via coaching, e pergunte se ele se sente qualificado a ajudá-lo.
2. Alguns coaches são também credenciados para aplicar e interpretar diversos testes psicológicos. Pergunte se este é o caso, mas lembre-se de que este não é um pré-requisito eliminatório. Os mais difundidos são o MBTI, o DISC, o Firo-B e o TKI (vide o quesito **Testes** para mais informações sobre isso). Acho suspeito o coaching que começa com testes, porque pode afunilar demasiadamente o universo de possibilidades do coaching, mas pode ser prático para você ter um coach qualificado para aplicar esses testes

se, durante o processo de coaching, vocês dois concluírem que um ou mais desses testes pode ajudá-lo a aprender algo sobre você.
3. Tem gente que não lida bem com coaching pelo telefone. Se você for uma delas, pergunte se o coach atende face a face (muitos coaches trabalham exclusivamente pelo telefone). Mesmo assim, devido às suas viagens, é inevitável que algumas sessões ocorram por telefone.

Lembre-se de que um coach não é um consultor (vide o verbete **Consultor**) e por isso não está qualificado para fazer um diagnóstico completo de cada situação gerencial, e em seguida recomendar-lhe um caminho a seguir. Mas você pode contar com um bom coach para perguntar-lhe com freqüência "Quais são suas opções?", ajudá-lo a estruturá-las em sua mente e ajudá-lo a identificar, e depois ultrapassar, seus limites.

COMPETÊNCIAS

O *Dicionário Aurélio* diz que competências são "qualidades de quem é capaz de apreciar e resolver certos assuntos" (útil, não?). Competências são conhecimentos, habilidades e atitudes que permitem a certas pessoas lidarem particularmente bem com certos assuntos. Existem muitas listas de competências. Algumas são bastante longas e rebuscadas. Tão longas que algumas empresas selecionam as três ou quatro competências do ano para serem enfatizadas naquele ano... Você talvez tenha sua própria lista de competências, que porventura leu num livro há muitos anos, e à qual talvez até tenha adicionado uns itens de sua mente. Se não tem, não importa. Use a minha lista, que apresento a seguir. Há muitos anos uso a lista desenvolvida por Russell Giles (www.interviewedge.com) e traduzida por mim para o português:

Interpessoal	Intelectual	Motivacional
Adaptável	Lida com ambigüidade	Ambicioso
Assertivo	Analítico	Gosta de ser desafiado
Colaborativo	Articulado	Comprometido
Desenvolve os outros	Conceitual	Pratica aprendizado contínuo
Diplomático	Criativo	Orientado a clientes
Direto	Decisivo	Entusiasmado
Empático	Orientado a detalhes	Empreendedor
Independente	Busca informação	Orientado a metas
Inspirador	Intuitivo	Trabalhador
Estabelece redes de relacionamento	Julgamento	Demonstra iniciativa
Simpático	Escuta bem	Otimista
Persuasivo	Organizado	Persistente
Assume riscos nos relacionamentos	Perceptivo	Comprometido com qualidade
Autoconfiante	Solucionador de problemas	Busca recursos em si
Lida bem com tensão interpessoal	Entende rápido	Orientado para resultados
Trabalha em equipe	Pensamento estratégico	Automotivado

Tenho certeza de que você vai encontrar alguma sobreposição de significados na lista anterior. E vai querer agregar novos termos à lista. Ambas as reações são previsíveis, e eu o encorajo a criar a própria lista.

Você mesmo vai desenvolver muitas aplicações para sua lista de competências, mas permita-me recomendar três situações em que uma boa lista de competências pode fazer uma diferença enorme:

1. Quando você está reunido com um *headhunter* a quem pretende solicitar uma busca: pense em pessoas de sua empresa que foram muito bem-sucedidas e desenhe um círculo em torno de cada

competência que elas tinham. Agora, com uma caneta diferente, pense em pessoas que falharam em sua empresa por falta de identidade com a cultura corporativa e circule as competências que aquelas pessoas tinham. A seguir, pense com cuidado se as competências que você não circulou com caneta são irrelevantes para o sucesso em sua empresa. Se ficar em dúvida, reveja suas respostas anteriores.
2. Quando você está se preparando para escrever uma descrição de cargo e/ou definir uma necessidade de recrutamento: separe das acima citadas as competências que, segundo sua opinião, farão grande diferença para o sucesso do ocupante dessa posição (no mínimo, três de cada coluna) e competências que, se exacerbadas, podem atrapalhar o bom desempenho dessa pessoa (no mínimo, um de cada coluna).
3. Quando você estiver entrevistando um candidato: imprima a lista anterior e peça-lhe para selecionar pelo menos três itens de cada coluna que ele considere que faz muito bem. Depois peça ao candidato para selecionar um item em cada coluna (dentre os 13 que não selecionou) que gostaria de fazer melhor. Peça também para definir se "melhor" quer dizer que gostaria de ser mais aquilo, ou de ser menos aquilo (exemplo: ser diplomático demais pode ser tão danoso quanto ser diplomático de menos).

CONHECIMENTO, TRABALHADORES DO

Conhecimento são essas pessoas cujo resultado profissional principal é o Conhecimento. Como todo trabalho requer algum conhecimento, a fronteira pode ser arbitrária. Então, dependendo de onde você trace a linha divisória, os Trabalhadores do Conhecimento representam entre um quarto e um terço da força de trabalho no mundo desenvolvido. Médicos, advogados, pesquisadores, consultores e programadores de computador, todos eles compartilham essa característica.

Edvinsson e Lev nos dizem[10] que o valor de mercado de todas as empresas de capital aberto excedeu o valor de mercado de seus ativos tangíveis em algum momento no início dos anos 90. Desde então, essa diferença cresceu mais ainda. Supomos que o Conhecimento acumulado em uma empresa seja responsável por uma parte dessa diferença. É aí que entram nossos Trabalhadores do Conhecimento, que representam um ativo muito importante, e na maior parte intangível, da empresa.

Como seu resultado principal é o Conhecimento, não é fácil quantificar o que eles estão fazendo. Se uma de suas melhores Trabalhadoras do Conhecimento disser que tem suas melhores idéias no chuveiro, você não tem opção, a não ser aceitar a palavra dela. Os Trabalhadores do Conhecimento resistem muito ao controle da qualidade e produtividade de seu trabalho. Às vezes, essa resistência está embutida em regras estabelecidas por suas associações profissionais (dê uma olhada nas normas e nos regulamentos de qualquer associação jurídica ou médica e verá). A maioria dos Trabalhadores do Conhecimento odeia burocracia e hierarquia. Alguns Trabalhadores do Conhecimento não são movidos por dinheiro: eles preferem ser remunerados, por exemplo, com um acesso mais fácil ao Conhecimento.

---

[10]Vide Edvinsson, Leif. *Corporate Longitude: What You Need to Know to Navigate the Knowledge Economy*, Prentice-Hall; e Lev, Baruch. *Intangibles: Management, Measurement and Reporting*. Washington: Brookings Institution Press, 1999.

O problema é que nossos modelos gerenciais mudaram pouco desde a Revolução Industrial, mostrando-se inadequados ao gerenciamento de Trabalhadores do Conhecimento. Na verdade, como a pessoa que gerencia Trabalhadores do Conhecimento é, na maioria dos casos, um Trabalhador do Conhecimento também, isso sugere que o modelo de gerenciamento ideal para Trabalhadores do Conhecimento deveria conter uma pitada da relação "Jogador/Treinador".

Entra em cena o professor Davenport,[11] que dedicou seus últimos anos ao estudo desse tipo de profissional. Seu livro destila a maior parte do que ele aprendeu e tem uma riqueza enorme de referências para os que precisarem de mais informações.

Os Trabalhadores do Conhecimento não podem ser agrupados facilmente em uma categoria. Uma lição importante a ser aprendida ao longo do livro é que, ao lidar com Trabalhadores do Conhecimento dentro da empresa, você deve segmentá-los em diferentes grupos. Afinal, como o Conhecimento pode ser *inventado*, *descoberto*, *empacotado*, *distribuído* ou *consumido*, cada Trabalhador do Conhecimento com quem você lidar terá parte ativa em uma ou mais dessas atividades, mas raramente em todas elas. O professor Davenport propõe uma taxonomia básica para isso, com duas dimensões:

- o nível de interdependência necessário entre as pessoas, e
- o nível de complexidade do trabalho em si.

A matriz dois por dois gera quatro modelos básicos:

- Modelo da *Transação* (baixa interdependência, baixa complexidade): O Trabalhador de Conhecimento fica essencialmente por conta de si mesmo e a maior parte das situações que enfrenta é repetitiva. Este é o único segmento em que um "roteiro" (isto

---

[11]Thomas H. Davenport, *Thinking for a Living: How to Get Better Performance and Results from Knowledge Workers*, Harvard Business School Press, 2005.

é, discursos padrão e pré-ensaiados, cobrindo as situações mais comuns) é eficaz. Um bom exemplo disso é o pessoal de atendimento ao cliente em linhas 0800 numa empresa de software.

- Modelo da *Integração* (alta interdependência, baixa complexidade): A tarefa é repetitiva, mas a integração é essencial, tanto dentro da equipe quanto com outras equipes. Nesse segmento, o mais importante é estabelecer um processo rígido de rotinas e padrões. O melhor exemplo disso são as equipes de geólogos/geofísicos/engenheiros de perfuração na área de exploração de petróleo e gás.
- Modelo do *Especialista* (alta complexidade, baixa interdependência): o desempenho aqui está altamente baseado em uma pessoa que detenha a maior parte do Conhecimento, ou mesmo todo ele. E ainda essas pessoas podem aproveitar para ter acesso fácil a bancos de dados contendo situações semelhantes que ocorreram no passado. Advogados de defesa, analistas de sistemas e alguns tipos de médicos são excelentes exemplos desse modelo.
- Modelo da *Colaboração* (alta complexidade, alta interdependência): Os participantes dessas equipes sentem que estão improvisando o tempo todo, quando, de fato, há um grau enorme de bom senso em cada decisão tomada. Esse é o tipo mais difícil de equipe de Trabalhadores do Conhecimento para se desenvolver de forma organizada. Equipes de Transações Estruturadas em Bancos de Investimento provavelmente são o melhor exemplo disso.

Ele é o primeiro a admitir que o modelo anterior é apenas uma primeira abordagem muito básica. Quando você faz isso em sua empresa, pode encontrar dois ou três dos modelos citados. Também fique atento a situações híbridas. Por exemplo, um neurocirurgião se encaixa no modelo do Especialista (sem ele, não há cirurgia), mas sua equipe de apoio (enfermeiros, anestesistas etc.) se encaixa do modelo da Colaboração.

O professor Davenport sugere que as pessoas rapidamente ultrapassem os modelos citados e desenvolvam seus próprios modelos de segmentação de Trabalhadores do Conhecimento, e depois adotem esse modelo para definir e implantar:

- estratégias de gerenciamento
- avaliação de desempenho
- ocupação de espaço no escritório
- recrutamento, remuneração, retenção e sucessão
- suporte de informática para cada segmento

O resultado de uma pesquisa de campo descrita no livro não surpreenderá a maioria de nós: a tal da Reengenharia, tão em moda na década de 1990, fez mais mal do que bem à comunidade dos Trabalhadores do Conhecimento.

CONSELHO DE ADMINISTRAÇÃO[12]

Grupo de pessoas que se reúnem periodicamente para fixar a orientação geral dos negócios da companhia, bem como para eleger, destituir e fiscalizar os diretores, discutir resultados, analisar novos negócios e debater temas táticos e estratégicos. Toda sociedade anônima de capital aberto deve ter um Conselho de Administração, que se reúne na forma e periodicidade previstas no estatuto social. Nas sociedades fechadas, a constituição do Conselho de Administração é facultativa. Os conselheiros devem ser acionistas da companhia e são eleitos pela Assembléia Geral. Até um terço dos membros do Conselho de Administração pode ser eleito para cargos de diretoria, inclusive a presidência. Os conselheiros não podem ter nenhum outro vínculo com a empresa, como, por exemplo, de consultoria. Os conselheiros não podem ocupar cargos em empresas concorrentes, sobretudo em conselhos consultivos, de administração e fiscal.

[12] O advogado Antônio Luís de Miranda Ferreira, do escritório Schmidt, Valois, Miranda Ferreira e Agel, ajudou-me a escrever este verbete.

O Brasil adota o modelo legal norte-americano de separação de atribuições e responsabilidades entre o Conselho de Administração e a Diretoria, embora os membros de ambos os órgãos sejam considerados administradores da companhia para os fins legais.

Empresas saudáveis mantêm um diálogo bastante rico e intenso entre o Conselho e a Diretoria. A intenção é agilizar o processo decisório, sobretudo quando a deliberação final sobre a matéria for de competência do Conselho. Nestes tempos de transparência, Governança Corporativa e responsabilidade social/ambiental, um bom Conselho pode ser um instrumento extraordinário para garantir a integridade da empresa e a boa condução de seus negócios.

Os conselheiros têm sua remuneração fixada pela Assembléia Geral de Acionistas. O prazo de gestão, que não poderá ser superior a três anos, permitida a reeleição, é fixado no estatuto social, que também poderá prever a participação, no Conselho de Administração, de representante dos empregados, escolhido por eles, em eleição direta, organizada pela empresa em conjunto com as entidades sindicais que os representem. Algumas empresas têm mandatos desencontrados para evitar que o Conselho tenha seus membros mudados ao mesmo tempo.

Ser membro do Conselho de Administração de uma empresa moderna, longe de ser uma sinecura, exige dedicação e foco, e pode ser extremamente gratificante.

CONSULTOR

É um profissional qualificado para diagnosticar determinada situação ou síndrome da empresa. O trabalho de consultoria se divide em quatro grandes áreas:

1. *Processos*: identifica os processos dentro da empresa e recomenda aprimoramentos.
2. *Tecnologia/Informação*: seleciona configurações de hardware e software mais adequadas à sua empresa.

3. *Estratégia*: ajuda a definir os possíveis rumos que sua empresa pode tomar nos próximos anos.
4. *Pessoas*: define estruturas organizacionais, prepara descrições de cargo, avalia pessoas, fornece coaching, recomenda formas de remuneração e benefícios, recruta e avalia pessoas, ajuda a definir e executar programas de treinamento, desenvolvimento, mentoramento e planos de carreira.

Esse trabalho pode incluir pesquisas de mercado, assessoria em negociações e até a implantação de certas partes das recomendações que fará.

Antes de selecionar consultores para iniciar suas tratativas, defina exatamente que objetivos pretende atingir via consultoria. Você vai observar que os consultores que virão visitá-lo vão se enquadrar em três grandes categorias:

1. *Cabelos Grisalhos*: são consultores com muitos anos de experiência e muita sabedoria acumulada. Destilam em seu trabalho toda essa experiência. Trazem um grande conforto para o cliente, porque suas recomendações geralmente têm mais tato que contundência. No entanto, para diagnósticos de situação, podem ser os melhores.
2. *Crista da Onda Tecnológica*: são os que conhecem o estado-da-arte da tecnologia e do conhecimento disponíveis sobre o tema. Você deve recebê-los e a conversa com eles pode ser muito instrutiva, mas convém prestar bastante atenção se você realmente precisa da solução mais moderna e sofisticada. De qualquer forma, o preço pode estar muito além das possibilidades de sua empresa.
3. *Comoditizadores*: essas empresas identificaram os processos de consultoria mais demandados e fornecerão um serviço cujas partes são bastante padronizadas. Esses profissionais, em geral, são muito jovens, e foram amplamente treinados para fornecer essencialmente a mesma solução para muitos clientes diferentes. Pode ser uma excelente solução sob o ponto de vista de preço, mas cuidado para não alocar projetos a consultores que claramente não têm a

vivência no mundo dos negócios adequada ao nível de responsabilidade que você vai exigir das recomendações que fizerem.

Algumas consultorias podem oferecer mais de um dos citados. Embora seja raro encontrar as três na mesma empresa, a maioria das grandes empresas normalmente conta com dois deles. Mas, no decorrer da conversa, um deles sempre saltará a seus olhos. Considere a hipótese de fracionar sua demanda para que em cada pedaço do trabalho você tenha o tipo de enfoque mais adequado às suas necessidades. Cuidado para não confundir Consultoria com Gestão Interina (vide a seção Executivos Interinos no verbete **Empresa Própria**), embora algumas raras empresas de consultoria européias ofereçam isso.

Defina claramente o resultado final de que necessita, o prazo e o nível de qualidade desejado, e solicite orçamentos com preço fixo por empreitada; afinal, ninguém gosta de assinar cheques em branco. Se você fizer isso, defina uma data (conhecida como "*freeze date*", no jargão do ramo) após a qual você não mexerá na especificação dos serviços e o consultor não alterará o preço.

CRIATIVIDADE

"A estrela da sociedade industrial foi a produtividade, e não a criatividade... O resultado disso é que hoje sabemos tudo sobre a produção de bens materiais, mas quase nada sobre como as idéias são criadas. No final das contas, sabemos muito mais sobre como destruir idéias, ignorando-as, perseguindo-as ou rotulando-as de tolas. Sabemos menos ainda sobre criatividade coletiva e como as equipes deveriam ser organizadas para fazer vir à tona todo o seu potencial..."[13]

---

[13]Domenico de Masi, *Fantasia e Concretezza: Creatività e Gruppi Creativi*, Rizzoli, 2003, p. 432. Tradução minha. No Brasil, foi publicado em 2005, em dois volumes, pela Editora Sextante, e chamou-se *Criatividade e Grupos Criativos: Descoberta e Invenção*. No momento, está esgotado.

Essa citação vem de um livro espetacular escrito em italiano por Domenico de Masi sobre a criatividade, tanto individual como coletiva. Há uma tradução muito boa para o português que está esgotada. Não há tradução para o inglês. Ou seja, será um exercício de criatividade encontrar um, e de perseverança em ler suas 700 páginas! Quem fizer isso certamente descobrirá que valeu a pena, porque o texto de de Masi tem grande vigor e é muito interessante. Para benefício dos que não o fizerem, eu me permiti fazer um resumo do livro, a seguir.

Sua idéia principal é que a criatividade é uma sutil combinação de fantasia e concretude. Se houver fantasia demais, fica-se isolado do mundo real. Se houver concretude demais, torna-se algo burocrático.

Os primeiros 60% do livro são dedicados ao passado, principalmente aos "rasgos" de criatividade na história humana, intercalados por longos períodos nulos de criatividade. Há uma discussão muito interessante sobre como os seres humanos progrediram muito rapidamente após cada "rasgo", como a descoberta do fogo, a domesticação de alguns animais e a invenção do arco-e-flecha. Contudo, há períodos de calmaria de criatividade intercalados que duram, em alguns casos, milhares de anos. Há uma discussão interessante no sentido de como e por que esses "rasgos" vão ficando cada vez mais próximos entre si, à medida que progredimos no tempo até chegarmos aos tempos atuais.

Nesse ponto, sinto falta de uma discussão mais detalhada de por que alguns "rasgos" são completamente ignorados por séculos, até que muitos anos à frente o mesmo artefato seja criado através de outros meios. É o caso dos desenhos de máquinas voadoras de Leonardo da Vinci, revisitados somente depois que essas tecnologias haviam sido conquistadas por um caminho completamente diferente. Será que esse progresso tecnológico teria sido mais rápido se os desenhos de Leonardo da Vinci tivessem sido levados mais a sério há, digamos, 100 anos?

Os últimos 40% do livro são dedicados primeiramente a analisar os "rasgos" em si e depois a olhar para os grupos criativos contemporâneos. Essa parte do livro começa com o maravilhoso parágrafo citado.

Os "rasgos" criativos do passado abrangem os Nazarenos, os pré-Rafaelitas, o grupo Bloombury, o movimento impressionista francês, Florença no Renascimento, Atenas na época de Péricles, Bauhaus, o Instituto Pasteur em Paris, a Estação Zoológica de Nápoles. O autor descreve sua estrutura interna (ou falta dela) usando a terminologia do século XX: gestão científica, gestão por objetivos, gestão de projetos, estruturas, redes e idéias dos gurus americanos e japoneses da gestão.

O autor propõe que existem três tipos de criatividade:

- *Criatividade Pura* (a criatividade em si, como na maior parte das Artes)
- *Criatividade Aplicada* (criatividade orientada para a criação de algo que servirá a um propósito específico)
- *Inovação* (criatividade enfocando o aperfeiçoamento de uma invenção/descoberta anterior)

É interessante notar que o autor não faz qualquer distinção entre *invenção* e *descoberta*. Por outro lado, o autor menciona, mas (felizmente) não trata da possível diferença entre criatividade e inteligência ou entre talento e genialidade, uma discussão que, conforme de Masi alerta, já foi tentada muitas vezes, mas nunca com sucesso.

O autor propõe um modelo de cinco etapas para descrever o *processo* criativo propriamente dito e, para isso, toma emprestados, com certa liberalidade, alguns termos da psicologia e da psicanálise:

1. *Seqüestro*: Essa é a versão não-patológica de um estado em que a pessoa não está em pleno domínio de seus sentidos, um "baixar a guarda". Isso pode acontecer por causa de excesso (acúmulo) ou escassez (privação) de informações. Acaba em insight.
2. *Enraizamento*: Aqui, a intuição pura começa a tomar forma. Como esse período é cheio de dúvidas, é comum, neste momento, um coadjuvante entrar em cena trazendo benefícios, alguns por confrontar, outros por apoiar: são os Pierres Curie e as Claras Schumann da criatividade.

3. *Embrião*: É quando a idéia assume uma forma física, podendo ser um quadro, uma peça musical, um gráfico, uma fórmula, um conjunto de regras e limitações ou um texto. O obstáculo aqui é que a criação pode surgir "menor", significando que o universo para o qual a criação é válida pode ser mais restrito/restritivo do que o criador originalmente imaginou. Muito raramente, ocorre o contrário: a criação encontrar uma aplicação muito além de seus destinatários pretendidos.
4. *Licenciamento*: É quando o objeto da criatividade vai para o mundo, como quando Watson e Crick publicaram seu artigo científico sobre a estrutura do DNA. Esse pode ser um momento de grande realização (imagine Madame Curie vendo suas vacinas saindo pela porta!) ou de grande destruição (como quando o dispositivo nuclear foi detonado sobre Hiroshima).
5. *Aceitação*: O mundo está exposto à criação e a aceita imediatamente, mais tarde ou, mais comumente, rejeita-a ou fica-lhe indiferente. Existe uma contracorrente nesse ponto, em que o criador pensa duas vezes sobre sua criação. Adequadamente canalizado, esse pensar duas vezes pode tornar-se uma nova fase criativa, provavelmente uma inovação da criação original ou algo totalmente diferente: enquanto Watson permaneceu no campo da pesquisa do DNA, Crick partiu para funções de gestão na universidade.

Parece não haver qualquer correlação entre idade e criatividade. Algumas pessoas, como Baudelaire, Mozart, Raphael, Rimbaud, Rodrigo e Rossini, foram muito criativas ainda jovens. Outras como Cervantes, Franck, Freud, Goethe, Hugo, Tintoretto e Voltaire atingiram o ápice em idade avançada. Leonardo da Vinci viveu muitos anos e foi bastante criativo durante toda a vida. Einstein deduziu a Teoria da Relatividade com 20 e poucos anos e passou o resto da vida tentando chegar a um conceito unificador para descrever o mundo físico (que chamou de sua "Teoria Geral"), gerando, no processo, muitos outros conceitos e teorias ramificados. Michelangelo foi incrivelmente criativo antes dos 40 anos e depois viveu um segundo período criativo dos 55 aos 89 anos.

A correlação entre idade e riqueza não está clara, mas existem evidências consideráveis de que a pobreza pode dar ensejo a muitas idéias criativas. Beethoven compôs suas melhores obras para pôr comida na mesa – literalmente! E Karl Marx foi despejado por seu senhorio, com mulher e quatro filhos, bem no meio da criação do Manifesto.

A correlação entre criatividade e localização é muito alta: as pessoas criativas do Renascimento rumaram para Florença. As pessoas criativas de hoje vão para o Vale do Silício. Em ambos os casos, outras pessoas criativas já estão lá, assim como o dinheiro para financiar suas criações.

E, por falar em Florença, há uma passagem poderosa sobre como alguns criadores deixaram instruções detalhadas para que suas criações fossem produzidas. Brunelleschi não só ganhou o concurso para projetar a Grande Cúpula da Catedral de Florença, mas também projetou e construiu todos os andaimes, guinchos e outros equipamentos da obra.[14]

Há uma passagem interessante sobre autobiografias de criadores famosos. O autor alerta que, por sua própria natureza, elas não são confiáveis como descrições do processo criativo. O autor não está dizendo que haja má-fé, mas que existe a compreensível característica humana de descrever o sucesso pulando os inícios malsucedidos e os finais infelizes, e fantasiando o meio. Isso inclui dar uma roupagem científica a descobertas que freqüentemente ocorreram por acidente.

Depois, o autor apresenta os resultados de um estudo patrocinado pela Università della Sapienza em Roma, analisando centenas de equipes, cobrindo a produção cinematográfica, a consultoria em gestão, faculdades de administração, empresas de software, agências de publicidade, ópera, teatro dramático e de variedades, clínicas de cirurgia e salas de operação, empresas farmacêuticas, laboratórios de física, química e biologia, organizadores de festivais de música, arte e cinema, confec-

---

[14]Inclusive uma versão em escala da obra e dos equipamentos, hoje no Museo del Duomo.

ções, ativistas ecológicos, jornais, estúdios de televisão, grupos de rock, estudantes de desenho industrial e orquestras sinfônicas.

O autor propõe um modelo bidimensional simples. No eixo vertical, coloca o "pensamento primário" acima do horizontal e o "pensamento secundário" abaixo deste. Esses são termos freudianos para descrever, respectivamente, nosso estado de sonho (quase sempre inconsciente) e o pensamento consciente que realizamos totalmente acordados, completamente concentrados num assunto específico.

O eixo horizontal traz "emocional" à esquerda e "racional" à direita.

Dessa forma, o quadrante inferior esquerdo é o domínio da fantasia, enquanto o quadrante superior direito é o domínio da concretude.

A criatividade ocorre, então, num fluxo que começa no inferior esquerdo, a fantasia, e sobe para a direita, em direção à concretude.

As empresas precisam ser criativas, mas infelizmente a maioria não é. Isso se deve ao fato de que a estrutura de comando e controle, na forma piramidal tradicional, é ótima para fazer com que as coisas sejam feitas, mas terrível para estimular a criatividade. Ocorre que todos acham, conscientemente ou não, que as pessoas do topo se encarregarão de pensar, e as de baixo, de pegar no pesado. Essa ênfase é operacional, não estratégica. Não há espaço, clima ou premiação para fazer as idéias fluírem para os lados e para cima. Não há uma maneira simples de os superiores "ouvirem as bases". Os inputs externos à empresa ou chegam altamente matizados por vieses pessoais, ou não chegam de forma alguma. E não há método eficaz de criação de forças-tarefa temporariamente afastadas de seus ambientes habituais.

Então, o que os grupos precisam, segundo o autor, para ser criativos?

1. Uma fonte externa de apoio (cultural, material, política)
2. Exposição a inputs culturais diversos e, de preferência, contrastantes
3. Abertura a estímulos culturais diferentes
4. Uma perspectiva voltada para o futuro
5. Ausência de discriminação

6. Tolerância com diferentes pontos de vista
7. Interação com pessoas significativas fora do grupo
8. Um sistema bem delineado de incentivo e premiação
9. Insatisfação com o *status quo*

Será que é possível uma pessoa aprender a ser mais criativa? A famosa coreógrafa Twyla Tharp acha que sim, e seu livro[15] é um roteiro fascinante para alguém que deseja fazer isso.

CONVERSAS DECISIVAS

O livro com esse mesmo nome[16] aborda muito bem esse tema. Nele, uma conversa decisiva (ou difícil) é definida pelos autores como aquela em que:

- Espera-se que cada parte tenha posições muito divergentes, quiçá antagônicas
- Os riscos são altos e
- As emoções estão em ebulição.

Exemplos de conversas decisivas: pedir um aumento/promoção ao chefe, desmanchar um namoro firme, pedir que seu colega de quarto se mude e confrontar um filho sobre dependência química.

Sempre que você se deparar com uma dessas situações, é possível:

- Evitá-la
- Enfrentar a situação e sair-se mal ou
- Enfrentar a situação e sair-se bem.

---

[15]Twyla Tharp, *The Creative Habit: Learn It and Use it for Life*. New York: Simon & Schuster, 2003, ainda não tem tradução para o português, mas a edição brasileira da *Harvard Business Review*, de maio de 2008, contém uma entrevista com ela chamada "Criatividade Passo a Passo", que é essencialmente um resumo do livro.

[16]Kerry Patterson, Joseph Grenny, Ron McMillan e Al Switzler. *Conversas Decisivas*. Rio de Janeiro: Campus/Elsevier, 2002.

Como encarar uma Conversa Decisiva e se sair bem?

É claro que algumas delas não podem ser previstas. Começam como conversas normais e, de repente, se tornam difíceis. Muitas vezes, agimos de maneira autodefensiva; todos nós nos arrependemos de pelo menos uma conversa decisiva em nosso passado, em que não dissemos o que queríamos, ou dissemos o que não deveríamos ter dito. As emoções liberam adrenalina, e a adrenalina paralisa algumas funções cerebrais.

Também sabemos que algumas pessoas lidam com isso melhor do que outras. Em algumas empresas de sucesso visitadas pelos autores, eles observaram que certas pessoas lidavam muito bem com temas como mudança, qualidade, segurança, produtividade ou diversidade.

O mais curioso é que, originalmente, os autores queriam escrever outro livro, sobre eficácia organizacional. Por mais de 20 anos, visitaram muitas empresas, pediram a 20 mil pessoas para citar os colegas que realmente faziam diferença em suas companhias. Catalogaram cuidadosamente as habilidades das pessoas mencionadas. E observaram que a habilidade que quase todos tinham em comum era – adivinhem – uma aptidão especial para ter conversas decisivas!

Então, os autores resolveram entrevistar essas pessoas, aprender tudo sobre conversas decisivas e escrever um livro sobre o assunto!

Então, vale a pena saber lidar bem com conversas difíceis. Na vida pessoal, assim como na vida profissional. O objetivo do livro é, portanto, ensinar a ter essa capacidade.

E como essas pessoas que fazem isso bem se comportam?

Elas começam enumerando cuidadosamente e de forma desapaixonada todas as informações relevantes ao tema, seja a respeito de si próprias, seja a respeito dos outros. "Informações relevantes" quer dizer fatos objetivos, não opiniões, modos de pensar ou atitudes. As pessoas que fazem isso muito bem evitam a generalização a todo custo, sempre dizendo "Falei com quatro fornecedores e...", jamais "É óbvio para todos que...".

Isso cria entre as partes o que os autores chamam de "Manancial de Significado Compartilhado".

Enquanto isso acontece, uma ou mais das pessoas presentes tentarão atalhar o assunto, chegando prematuramente a uma conclusão, mas essas pessoas especiais pedem-lhes gentilmente que esperem até que todas as informações relevantes tenham sido postas sobre a mesa. A reação de uns será afundar na cadeira e ficar de mau humor, de outros será partir para o sarcasmo, insinuações ou sinais não-verbais variados. Todos esses recalcitrantes serão gentilmente encorajados a contribuir para o Manancial de Significado Compartilhado.

As pessoas especiais, no entanto, mantêm o foco no diálogo. "Diálogo" é uma palavra-chave na frase anterior. É muito diferente de "discussão". Eles são extremamente cuidadosos em fazer com que o diálogo não degenere em discussão.

Quando o "Manancial de Significado" está completo e todas as informações disponíveis foram dadas, então essas pessoas especiais muito habilmente trazem à tona a maneira aceita, segundo a cultura da empresa, de tornar esse tipo específico de decisão oficial. Exatamente como isso é feito importa menos do que o fato de que, nesse ponto, essa será uma decisão muito mais correta, porque mais instruída por dados consistentes.

Essas pessoas especiais fizeram isso primeiramente percebendo o que, no fundo, queriam que resultasse dessa conversa. Se o que ocorreu definitivamente não era o que queriam, eles controlam suas reações corporais para que a adrenalina não traia seus objetivos. Seu senso de objetivo faz com que vejam através do sarcasmo, das insinuações e do silêncio dos outros. E o que é mais importante: têm o dom especial de, como os autores chamam, prestar os "primeiros socorros sociais", para fazer com que um diálogo que está resvalando para a discussão volte aos trilhos.

Isso requer conhecer intimamente qual é seu Estilo sob Pressão,[17] declarar seus pontos de vista de maneira objetiva e não ameaçadora,

---

[17]Dica: se você vai ler esse livro, faça o teste antes de começar a ler. É que, conforme seu resultado, os autores recomendam seqüenciar a leitura dos capítulos em ordens diferentes.

certificando-se de que todos os outros façam o mesmo e ficando superatentos a pessoas que não estejam se sentindo seguras na conversa e estejam caindo no silêncio ou na violência, e proporcionando segurança ao mostrar-lhes: 1) que objetivos compartilham e 2) que todos os pontos de vista serão respeitados.

CULTURA (DA EMPRESA)

Edgar Schein é, de longe, a pessoa com mais autoridade sobre culturas corporativas, porque não só dedicou décadas de sua vida a estudar o tema, como coletou extensas evidências do mundo corporativo via consultoria e pesquisa empírica, e por ter escrito vários livros sobre o tema.[18] O professor Schein é também um dos fundadores – junto com Bennis e Beckhard – do *corpus* hoje conhecido como "Desenvolvimento Organizacional".

Em algumas empresas, trabalhar até tarde é considerado uma maneira importante de se pôr na dianteira. Em outras, é só uma maneira de as pessoas desorganizadas ficarem em dia com suas tarefas. Como se pode chegar a duas conclusões opostas a partir da mesma observação? Depende da cultura empresarial.

Então, o que é cultura empresarial? A definição tradicional, "a maneira como fazemos as coisas por aqui", é correta, mas, com o passar do tempo, foi se tornando muito simplista. Outros dizem que, nessa época de estruturas horizontais, em que um determinado executivo tem muito mais subordinados do que antes, a cultura empresarial gera uma

---

[18]Edgar Schein, *Organizational Culture and Leadership* [Cultura e Liderança Organizacionais] (1985), 3ª ed., 2004, John Wiley and Sons, é o livro definitivo sobre o assunto. Mas eu recomendo Edgar Schein, *The Corporate Culture Survival Guide: Sense and Nonsense about Cultural Change* [Guia de Sobrevivência sobre Culturas Corporativas: Mudanças Culturais que Fazem, e que Não Fazem, Sentido] publicado em 1999 pela Jossey-Bass, uma subsidiária da Wiley, porque não foi escrito para o público acadêmico, e de ser muito mais "portátil" (200 páginas) e mais provocativo. Infelizmente, embora muitos livros de Edgar Schein tenham sido traduzidos para o português, não consegui encontrar tradução desses dois.

lista em grande parte não-escrita do que se deve ou não se deve fazer na empresa, o que automatiza algumas decisões, que, de outra forma, seriam levadas a uma instância superior. O professor Schein acredita que cultura são "as suposições tácitas compartilhadas de um grupo que aprendeu como lidar com tarefas externas e tratar de relações internas". Em outra passagem, escreve que a cultura encapsula "as suposições aprendidas, compartilhadas e tácitas sobre as quais as pessoas baseiam seu comportamento diário". Dessa forma, a cultura tenta codificar e, assim, perpetuar, os sucessos do passado.

A cultura empresarial influencia todos os aspectos de uma empresa:

- missão
- estratégia
- meios utilizados
- sistemas de medição
- sistemas de correção
- linguagem
- normas de inclusão e exclusão
- status e sistemas de recompensas

e até

- conceitos de tempo, espaço, trabalho e natureza humana

A cultura é importante porque é um "conjunto de forças poderoso, latente e quase sempre inconsciente que determina tanto nossos comportamentos, maneiras de perceber as coisas, padrões de pensamento e valores individuais quanto os coletivos". A cultura tem algo a dizer sobre como as pessoas se relacionam com as outras e lidam com a natureza da autoridade e das recompensas, o que acontece nas fronteiras da empresa com o mundo externo e como a realidade é tratada internamente. E, em empresas grandes, quase sempre são germinadas subculturas que podem ou não ser plenamente compatíveis com a cultura "dominante".

O problema é que a maioria das pessoas tem dificuldade em descrever a cultura de sua empresa: é como perguntar sobre água a um peixe. E, quando consegue descrevê-la, tentará ocultar alguns dos aspectos menos lisonjeiros. O autor resolve isso com um levantamento cultural, cujos resultados só serão considerados confiáveis se sancionados tanto pela diretoria como pelas tropas.

O professor Schein postula que a cultura corporativa se dá em três níveis:

- **Artefatos**, ou os aspectos prontamente observáveis da cultura de uma empresa: se as portas das salas ficam fechadas ou abertas, quem tem direito a uma sala própria, como as pessoas se vestem, como se dirigem umas às outras (formal ou informalmente?), se o ritmo é frenético ou tranqüilo, se a comunicação é discreta e calma ou alta e barulhenta, se o organograma tem muitas ou poucas camadas.
- **Valores aceitos,** ou as respostas que são obtidas quando se pergunta sobre os Artefatos. As pessoas respondem com expressões do tipo "acreditamos no trabalho em equipe" e "a maioria das decisões deve ser submetida ao consenso". Elas lhe dão panfletos descrevendo suas crenças. Falam que são orientadas para a satisfação do cliente e tratam os fornecedores como parceiros no negócio. Mostram relatórios internos sobre vendas, cobranças e estoque. O que você escuta pode ou não ser compatível com os artefatos que observou antes.
- **Suposições subjacentes básicas** constituem o nível mais profundo. Faça perguntas históricas, do tipo "quem foram os heróis da empresa em seus primórdios?" e as pessoas contarão "histórias de guerra" sobre gente que tirou produtos inacabados da linha de montagem no final do expediente e os terminou em casa depois do jantar, no chão da sala de estar, enquanto a família assistia à novela das oito. Elas lhe contarão que a empresa só tinha um telefone, que nunca era usado para que não estivesse ocupado caso um

cliente ligasse, e por isso usavam um telefone público do outro lado da rua para ligar para os clientes. Elas lhe contarão como os fundadores venderam ações para amigos e parentes. E como, no início, eles mesmos carregavam e descarregavam os caminhões.

Então, você começa a ligar isso tudo aos valores aceitos acima e logo saberá que adotam esse formato específico para mensurar vendas, cobranças e estoques, porque essas eram as perguntas que, há muitos anos, os fundadores fariam no final do expediente. Você ouvirá, por exemplo, que eles têm uma predileção especial por contratar engenheiros de certa universidade porque foi lá que os fundadores estudaram e/ou recrutaram seus primeiros talentos.

Agora você ligará isso com os Artefatos e saberá que, no início, todas as decisões eram lançadas e discutidas com os empregados até que todos estivessem de acordo, mas que isso envolvia certa confiança, mas agora que a empresa está presente em 37 países é difícil ligar para alguém na Finlândia que você nunca viu antes e perguntar-lhe sua opinião...

Acho que você já entendeu o que quero dizer. Desencavar a cultura de uma empresa não é, de forma alguma, uma tarefa fácil.

Será que a cultura de uma empresa pode ser mudada? Pode, mas não é tarefa fácil, e só acontece quando a diretoria percebe que a cultura empresarial atual virou um freio de mão para a empresa no curto prazo, ou um obstáculo para a viabilidade da empresa no longo prazo. Logo no Prefácio, o professor Schein adverte que não há solução simples, e que os leitores que estejam procurando uma receita de bolo para consertar culturas empresariais disfuncionais ficarão, na certa, desapontados. As melhores soluções são graduais: alavancam uma nova cultura a partir da antiga. Isso porque tentativas drásticas de mudança de cultura tendem a fracassar.

Ao contrário do que as pessoas pensam, cultura é um tema importante também para empresas recém-criadas. Os fundadores ainda estão circulando por lá, criando cultura a partir de seu próprio comportamento: a maneira como lidam com clientes e fornecedores logo será imitada por todos, a forma como recompensam e punem logo se incorporará à política da empresa e os indicadores de desempenho que eles consideram essenciais logo estarão em todos os relatórios internos. Boa parte disso sobreviverá os fundadores.

Há um capítulo excelente sobre Fusões e Aquisições. "As características mais públicas das empresas – como tecnologias compartilhadas ou compatíveis, metas comerciais compartilhadas, compatibilidade financeira, mercados comuns e sinergia entre produtos – normalmente lideram o processo de junção de duas empresas. Quase sempre se vê superficialmente, até que seja tarde demais, que os meios pelos quais as metas são alcançadas nas duas empresas podem ser muito diferentes e que as suposições subjacentes sobre negócios e processos podem realmente conflitar entre si. Raramente se verificam os aspectos que podem ser considerados 'culturais': a filosofia ou o estilo da empresa; origens tecnológicas que possam dar dicas quanto às suposições básicas; crenças sobre sua missão e seu futuro; e a maneira como se organiza internamente. Um descompasso cultural numa aquisição, fusão ou num empreendimento conjunto pode ser um risco tão grande quanto um descompasso financeiro, de produto ou de mercado."

Pura verdade.

DECIDIR

Basicamente, há quatro maneiras de se tomar uma decisão:

- **Decidir sozinho:** O chefe decide sozinho: 1) emergências que exijam ação imediata, 2) questões cujo resultado não tenha um impacto importante sobre a empresa (por exemplo, o presidente quer substituir sua secretária), 3) questões que já tenham sido discutidas exaustivamente com a equipe, isto é, ele já sabe a opinião de todos, ou 4) questões em que a ética, a política da empresa e/ou a cultura corporativa não possibilitem outra solução (isto é, a decisão não é uma decisão porque só há uma alternativa). Em qualquer outra situação além das relacionadas, decidir sozinho pode constituir centralização excessiva do poder decisório, e os executivos que se apanharem fazendo isso precisam pensar calma e atentamente sobre as conseqüências (ser chamado de "autoritário" e "centralizador" é só o começo).
- **Decidir por voto:** O chefe faz uma votação entre sua equipe gerencial. Isso funciona melhor para aquele tipo de decisão cujo resultado agradará a muito poucas pessoas. Exemplos disso são transferências da sede da empresa, encerrar uma subsidiária problemática, ou uma *joint-venture* desconfortável, e alguns tipos de passivos (como fiscal, trabalhista, ambiental e riscos de crédito). Este é, portanto, o menos comum dos quatro métodos. Há muitas variações desse método. Por exemplo, o chefe pode querer fazer uma votação desproporcional, decidir votar somente em caso de empate ou desistir da votação. Algumas decisões tomam incorretamente essa direção quando deveriam ir pelo caminho do consenso, descrito a seguir. Preste atenção em como os dois métodos são diferentes.
- **Decidir por consenso:** Este é o método mais difícil, mas também o mais comum. O diretor geral decide apresentar a decisão à sua equipe gerencial e espera que ocorra uma discussão em seguida, para que surja a "melhor" decisão (isto é, um consenso entre to-

das as diferentes vertentes de pensamento sobre esse assunto em particular). Isto não deve ser confundido com *unanimidade*. Diferente da alternativa da votação, o *consenso*, por definição, presume que os que estão a favor terão ampla chance de persuadir os que estão contra. E, se há uma terceira alternativa, que ela surja das conversas subseqüentes. Atenção: as decisões por consenso podem ser dolorosamente lentas. Esse atraso, contudo, pode ser compensado em seguida, pois as implementações subseqüentes podem ser mais rápidas, já que todas as partes envolvidas foram ouvidas e, mesmo que não estejam plenamente a favor, estão pelo menos confortáveis com a solução final.

- **Delegar:** Estas são decisões em que o chefe não *precisa* estar envolvido (isto é, o nível de decisão não precisaria, ou não deveria, chegar até o chefe), ou não *quer* se envolver (por medo de tornar o resultado tendencioso). Atualmente, há muito disso nas empresas abertas, pelos motivos que veremos a seguir, e não o bastante em empresas fechadas. Com mais freqüência, há decisões que o diretor geral costumava tomar e agora sente que sua equipe gerencial está madura o bastante para tomar sozinha. Às vezes, há decisões que foram "empurradas para cima" e devem ser "rebaixadas" para quem, por princípio, tem de resolver. A delegação de autoridade não deve ser confundida com "*abdicracia*", um estilo gerencial que, infelizmente, está muito em voga nos dias de hoje, em que o diretor geral, temeroso de tomar decisões num ambiente pressionado pela lei Sarbannes-Oxley, delega o que, na verdade, não deveria. Se você decidir delegar, primeiramente certifique-se de que a equipe gerencial seja funcional e emocionalmente madura o bastante para tratar disso sozinha. Depois, diga-lhes que: 1) ao delegar, você não está se eximindo da responsabilidade e que 2) a delegação de autoridade não torna essa decisão menos importante. Delegar é um tema tão controverso que ganhou um verbete só para si, a seguir.

Os leitores que estudaram essa questão na década de 1970 certamente vão se lembrar do modelo Hersey-Blanchard,[19] que, desde então, caiu em desgraça, mas que modela bastante bem o primeiro (que eles batizaram de "dizer") e o último dos modos anteriores (a mesma palavra, "delegar"). Os outros dois modos, "vender" e "participar", foram confundidos incorretamente com "votação" e "consenso", respectivamente. De fato, o modelo deles nunca contemplou a possibilidade da "votação", e "vender" e "participar" eram apenas formas diferentes de "consenso".

Vide também o verbete **Delegar** a seguir.

DELEGAR

Vide também o quesito **Decidir**.

Depois de o mundo ter passado por tantos ciclos de corte de custos, o CEO de hoje pode encontrar-se em uma equipe de liderança que não apenas não tenha ninguém "no banco de reservas", como também pode ser jovem demais para ter enfrentado qualquer desafio minimamente diferente dos do dia-a-dia. O resultado disso é que escuto com muita freqüência em sessões de coaching que os executivos estão muito preocupados em delegar da maneira correta.

Em primeiro lugar, faça uma lista dos itens *indelegáveis*. Sua lista deve incluir as seguintes atividades: 1) que sejam politicamente sensíveis demais, 2) que (por questões legais, regulamentares, estatutárias ou por costume) você simplesmente não possa enviar nenhuma outra pessoa no seu lugar, ou 3) que sejam pessoais demais, como pedir à sua secretária para comprar um presente de aniversário para sua mulher.

---

[19]Há muitas referências para a Teoria da Liderança Situacional de John Hersey e Ken Blanchard. Muito popular há 25 anos, caiu em desfavor logo após, mais ainda depois do "racha" entre Hersey e Blanchard em algum momento do década de 1980. Se essa é sua primeira exposição ao tema, recomendo clicar em http://www.12manage.com/index_expert.html.

Delegar exige uma boa dose de sabedoria. É por isso que os executivos que delegam bem (e os que pensam que o fazem) alardeiam tanto suas qualidades a esse respeito. Em princípio, você só deve delegar poderes a pessoas que você acha que vão realizar bem a tarefa, embora as pessoas competentes e dedicadas sempre recebam bem certa dose de "*stretch*" nas tarefas que lhes forem confiadas.

Você deve *particularmente* delegar os projetos em que desconfie de que as pessoas serão mais criativas e produtivas sem você por perto. Isso inclui aqueles projetos de estimação que você já fez uma centena de vezes no passado!

Você sabe perfeitamente bem como lidar com certas situações sozinho, ou sabe – fácil e rapidamente – comandar um grupo de pessoas até a sua solução. Mas não se esqueça de que só há um de você, e entre seus subordinados diretos pode haver pelo menos um que pode fazer isso tão bem quanto você, e que cresceria profissionalmente se o fizesse.

É claro que eles farão de *forma* diferente: então, se você fizer questão de ver determinada característica no produto acabado, especifique isso ao delegar poderes ou, então, nunca verá isso acontecer! Permita que a pessoa ou as pessoas a quem delegou poderes se sinta(m) livre(s) para acrescentar as próprias contribuições ao projeto; caso contrário, elas nunca desenvolverão um sentido de propriedade em relação ao produto acabado.

Não obstante o que foi dito, lembre-se de sempre especificar que o produto final deve ser compatível, em teor e forma, e que níveis mínimos de qualidade são necessários à sua adequação.

Lembre-se de que: Ou você define *pronto*, ou nunca vai ficar *pronto*!

Peça-lhes que estabeleçam um prazo, negocie se achar que esse prazo não é razoável, ou mesmo incompatível com outros eventos em andamento na empresa. Se o prazo for muito longo, pergunte-lhes se não deveria haver alguns pontos de verificação ao longo do caminho. Em cada ponto de verificação, reúna-se com eles e confira o progresso. E prometa que, entre um e outro ponto de verificação, você não os atordoará com cobranças!

Esteja disponível, mas, a menos que alguma circunstância externa force a) mudança na especificação ou b) compressão de prazos, deixe-os se virarem sozinhos. Alguns executivos têm dificuldade em apenas satisfazer sua curiosidade, querem saber como o projeto está progredindo, mas não querem assumir o fardo de colocar qualquer pressão indevida ou até – Deus o livre – demonstrar ansiedade sobre a capacidade de realização da equipe.

Certa dose de ritual, tanto ao delegar o projeto quanto ao receber o produto acabado, é bem-vinda, pois sinaliza claramente o início e o final do projeto.

Considere a possibilidade de um misto de Participação e Delegação em projetos que sejam a ponta operacional de um assunto estratégico, como, por exemplo, a avaliação de uma potencial aquisição. Participe ativamente dos estágios iniciais, e afaste-se assim que o plano de ação ficar claro para todos os envolvidos.

Lembre-se de que: 1) delegar poderes é a única maneira de proporcionar a seus subordinados o amadurecimento e o desenvolvimento das capacidades necessárias para crescerem profissionalmente e, quem sabe, virem a substituí-lo um dia, 2) se um projeto que você delegou anteriormente sair dos trilhos, você sempre terá a possibilidade de reverter sua decisão e 3) alguns poucos executivos na verdade delegam demais, mas há uma grande possibilidade de que você não esteja delegando o bastante!

Encerro com um parágrafo que não existiria se este livro não fosse editado no Brasil: nós, brasileiros, temos o curioso hábito de *delegar para cima*. Isso tem fortes afinidades culturais com a afirmação que tantas vezes ouvimos de "O senhor é quem sabe". A origem disso coincide com as raízes da sociedade brasileira na era colonial. Nela, o Brasil foi criado em duas castas: uma que pensa, mas não faz, e outra que faz, mas não pensa. Como líder de pessoas, eu o encorajo a não medir esforços para lidar com essa síndrome terrível de nossa sociedade. Seus subordinados só assumirão o lugar que é deles, e terão oportunidades de crescimento se você for delicado porém firme em erradicar a delegação para cima.

DEPENDÊNCIA

Anne Schaef e Diane Fassel escreveram o livro *The Addictive Organization*,[20] no qual traçam paralelos entre processos viciantes bem documentados (alcoolismo, principalmente) e comportamentos que as empresas estimulam nos executivos e nos funcionários.

Todos nós já ouvimos falar em vícios de *substâncias* (álcool, drogas, cafeína, nicotina, sal, açúcar e comida) e vícios de *processos* (trabalho, sexo, dinheiro, jogo, religião, relacionamentos e determinados tipos de pensamento). As autoras postulam que também existem *sistemas* viciantes, isto é, ambientes que provocam dependência.

Essa extensão do conceito faz sentido se considerarmos tudo o que já se pesquisou e escreveu sobre familiares de alcoólatras. Pense também no bombardeamento de propagandas ao qual estamos expostos todos os dias, que estimula vícios em grande parte subpatológicos: gastar dinheiro demais com roupas ou carros, ver televisão em excesso, comer muito chocolate ou sorvete.[21]

Quais são os comportamentos típicos observáveis em sistemas viciantes?[22]

- *Negação*: "Não está acontecendo aqui."
- *Confusão*: Gastar um tempo desmedido tentando descobrir o que está acontecendo.
- *Obsessão*: Focar na obtenção da próxima "dose".
- *Desonestidade e deterioração ética*: Mentir para si mesmo, para os entes queridos e para o mundo.
- *Perfeccionismo*: Ter resposta para tudo, não se permitir falhar.

---

[20] *The Addictive Organization*, de Anne Wilson Schaef and Diane Fassel, Harper Collins, 1990.
[21] Judith Wright cunhou o termo "*soft addictions*" (vícios leves) para referir-se a dependências em nível, digamos, subpatológico, em seu *There Must Be More Than This: Finding More Life, Love and Meaning by Overcoming your Soft Addictions*, Broadway Books, 2003.
[22] Essa lista de 10 itens não aparece no site do Alcoólicos Anônimos (www.aa.org.br) com esse exato formato. Mas uma leitura cuidadosa do questionário de 12 perguntas que visa aferir a dependência aponta para todos eles.

- *Escassez*: "Não há o bastante para todos."
- *Necessidade de controle* ou da ilusão de controle.
- *Perda de contato* com os próprios sentimentos, tanto ruins (raiva, medo, ansiedade) quanto bons (alegria, entusiasmo, criatividade).
- *Depressão*.
- *Orientação para a Crise*: Operar constantemente em regime de crise e fabricar crises quando elas não existem.

Agora, responda francamente: isso não soa familiar? Olhe à sua volta na empresa e você verá alguns, ou todos, os sintomas acima!

As empresas são viciantes? Pode apostar que sim! É por isso que testemunhamos pelo menos alguns dos sintomas relacionados. O subtítulo do livro de Schaef e Fassel é "por que trabalhamos demais, encobrimos coisas, juntamos os pedaços, agradamos o chefe e perpetuamos empresas doentes". E o que é pior, elas arrolam provas suficientes de que em uma empresa doente os funcionários mais altos hierarquicamente são os mais doentes, primeiro porque precisam "dar o tom" e depois porque, à medida que subimos a pirâmide organizacional, há cada vez menos gente que pode e quer pôr freios no comportamento dessas pessoas.

Como algumas pessoas ficam "viciadas" em determinadas empresas? Ao serem apresentadas a um quadro de "futuro": se você deixar de lado seus interesses pessoais, sua personalidade, sua família e seus amigos, trabalhar 80 horas por semana, restringir suas atividades de lazer a atividades na empresa e ficar disponível 24 horas por dia, 7 dias por semana, vamos recompensá-lo com fama, fortuna, prestígio, bônus, promoções e opções de ações. Também nos certificaremos de que você passará tantas noites em hotéis que não verá seus filhos crescerem, se comportarem mal ou – Deus nos livre! – se drogarem.

São muitas as pessoas que (principalmente as que não têm em torno de si um sólido sistema de referência familiar e/ou de amizades) se deixam viciar por esse pote de ouro que as empresas põem no final do arco-íris!

Pergunte a um amigo consultor ou auditor, que visita muitas empresas, e às vezes sai delas com a nítida sensação de que acaba de sair de um ambiente "doente", embora não saiba explicar por quê. E quando fazem uma pergunta direta às pessoas que visitam, ouvem uma negação (e negação é o primeiro item da lista do AA) e isso lhes soa estranho, tendo em vista que os sinais ao redor dizem exatamente o contrário.

Quem ler o livro de Schaef e Fassel à procura de um kit completo de diagnóstico certamente se frustrará (embora as autoras façam um esforço honesto nesse sentido). Talvez isso seja inevitável, uma vez que os comportamentos descritos podem ser muito difusos, a ponto de não podermos definir exatamente o que é *normal*, muito menos o que é *saudável*. O objetivo de escrever um livro controverso e até mesmo subversivo, este sim, foi atingido na plenitude.

DESCARRILHAMENTO

As empresas estão mais proativas do que nunca em lidar com a sucessão de seus executivos. O aumento da escassez global de talentos seniores está causando um aumento significativo de promoções prematuras, isto é, jovens de alto potencial estão sendo promovidos antes de estarem efetivamente prontos para isso.

O resultado é um aumento no número de executivos recém-promovidos que não estão dando conta de suas novas funções. A pouca literatura sobre o tema chama a isso *descarrilhamento* ("*derailing*").

Dois coaches do Instituto Hudson (John Morrissey e Sherran Slack) realizaram um levantamento em 13 empresas norte-americanas com vendas anuais superiores a US$700 milhões e totalizando 300 mil empregados,[23] dos quais no máximo 5% (ou 15 mil) foram considerados jovens de alto potencial. Depois de examinarem a bibliografia sobre o tema, os dois autores chegaram a uma lista de temas que fazem os exe-

---

[23]Esse levantamento não foi publicado e permanece como documento interno do Instituto Hudson. Entre em contato comigo (augusto@zaitech.com.br) se quiser ter acesso a ele.

cutivos sair dos trilhos, agrupados em duas categorias: *Comportamentos* e *Características Pessoais*. Os resultados, embora não surpreendentes, lançam uma luz sobre essa questão espinhosa:

- O *comportamento* que mais descarrilha executivos é a relutância em lidar com temas empresariais difíceis. Seguem-se, em freqüência decrescente, pouca habilidade interpessoal, incapacidade de entregar conforme prometeu e relutância em lidar com temas interpessoais difíceis;
- A *característica pessoal* que mais descarrilha executivos é a arrogância. Seguem-se, na ordem: argumentativos, avessos ao risco e avessos (em geral).

Não me surpreenderia se os resultados fossem semelhantes no Brasil caso a pesquisa de campo fosse feita aqui.

Este é um tema muito importante se você 1) vai no futuro próximo considerar a promoção de algum executivo jovem de alto potencial, ou 2) é um executivo jovem de alto potencial.

DESCRIÇÃO (DE CARGO)

A gente *realmente* precisa de uma boa descrição de cargo um pouco antes de partir em busca de uma pessoa para aquele cargo. Esta, então, será minha ênfase.[24] Depois de 10 anos recrutando pessoas, observo que fazer uma descrição de cargo conforme segue aumenta enormemente a probabilidade de sucesso no processo de contratação subseqüente. Além disso, como as descrições de cargo tradicionais enfatizam *ter* mais do que *fazer* (como *ter* um MBA, *ter* seis anos de experiência etc.), elas tendem a entediar – e afastar – os candidatos verdadeiramente talentosos.

[24]Trouxe essas descrições de cargo SMART do livro de Lou Adler, *Hire with Your Head: A Rational Way to Make a Gut Decision*. John Wiley and Sons, 2002. No entanto, o acrônimo SMART não é idéia original de Lou Adler. Nem minha.

Como enfatizar *fazer* em vez de *ter*? Tendo em mente que tudo que você escrever nessa descrição de cargo deve necessariamente cobrir o que é esperado da pessoa nos próximos 12, 18 e 24 meses, segundo critérios específicos (Specific), mensuráveis (Measurable), orientados para a ação (Action-oriented), movidos a resultados (Results-driven) e limitados por prazos (Time-bound). Use a sigla "SMART" para se lembrar disso.

A Descrição de Cargo que você fará terá oito partes:

1. Objetivos Funcionais Principais
2. Objetivos Funcionais Secundários
3. Desafios Administrativos e Organizacionais
4. Mudanças e Aperfeiçoamentos Necessários
5. Problemas a Serem Resolvidos
6. Habilidades Técnicas
7. Habilidades Interpessoais e para o Trabalho em Equipe
8. Resultados (Táticos, Estratégicos, Criativos)

Lembre-se de só escrever itens que atendam a um ou mais dos termos por trás da sigla SMART: Specific (Específico), Measurable (Mensurável), Action-oriented (Orientado para a Ação), Results-driven (Movido a resultados) e Time-bound (Limitado por prazos).

Ao fazer isso, lembre-se de que você precisa responder a duas perguntas que as descrições de cargos tradicionais normalmente não respondem:

1. O que constitui um desempenho aceitável nesse cargo?
2. Além disso, que desempenho suplementar seria classificado como excelente?

Agora, vejamos um exemplo simplificado:

A operadora de telefones celulares XYZ está tendo uma taxa de cancelamento de 2% (isto é, a cada mês, 2% dos clientes cancelam a assinatura e vão procurar o serviço de telefonia celular em outro lugar). Você sabe que o serviço é fraco, mas não mais fraco do que o prestado pela concorrência e que seus preços são bem competitivos. Você suspeita que o sistema de cobrança bizantino da XYZ é responsável por pelo menos um terço da taxa de cancelamento. Você também suspeita que o desanimador atendimento ao cliente responde por outro um terço da taxa de cancelamento. Marketing e Cobrança aparecem com a oferta de um novo produto e/ou preço cerca de uma vez por mês e o pessoal do Departamento de Atendimento ao Cliente não é treinado rápido o bastante para lidar com as reclamações posteriores dos clientes. Além disso, os funcionários estão desestimulados e a rotatividade é de 45% ao ano. Em essência, o Departamento de Atendimento ao Cliente está passando por problemas e você quer contratar um gerente de atendimento ao cliente muito especial, que reverterá esse quadro em cerca de um ano.

Uma descrição de cargo "tradicional" seria algo do tipo:

Cargo: Gerente de Atendimento ao Cliente
Tarefas principais: Lidar com reclamações de clientes. Lidar com exceções. Contratar, treinar, motivar e chefiar uma equipe de pessoas talentosas com habilidades altamente desenvolvidas para lidar com o público. Escolher, adquirir e entender um software de CRM (Gerenciamento de Relações com Clientes) e treinar os funcionários para trabalharem com ele. Preparar, justificar, defender e cumprir um orçamento anual para o departamento.
Pré-requisitos pessoais: Muita capacidade para lidar com pessoas. No mínimo, oito anos de experiência em cargos semelhantes.
Pré-requisitos acadêmicos: Curso superior em Economia, Marketing ou Psicologia.

Agora vejamos a Descrição de Cargo a seguir, reescrita segundo o SMART. Ficaria assim:

Cargo: Gerente de Atendimento ao Cliente

Objetivos funcionais principais: Realizar um Levantamento sobre Satisfação dos Clientes em 90 dias. Reduzir a taxa de cancelamento para 1,5% em um ano e para 0,75% em dois anos. Reestruturar o departamento, demitindo e admitindo funcionários, para garantir o alcance dos objetivos.

Objetivos funcionais secundários: Logo depois que saírem os resultados do Levantamento, preparar e apresentar um plano para a diretoria, contendo tudo de que o departamento precisa para atingir os objetivos citados, inclusive, entre outras coisas, necessidades de pessoal, treinamento e sistemas.

Desafios administrativos e organizacionais: Melhorar as habilidades e capacidades da supervisão. Reduzir a rotatividade do departamento para menos de 10% ao ano em 18 meses.

Mudanças e aperfeiçoamentos necessários: Construir uma ponte com o Departamento de Marketing e o Departamento de Cobrança, de modo que todos os lançamentos de planos de novos produtos e novos preços sejam primeiramente ratificados pelo Departamento de Atendimento ao Cliente.

Problemas a serem resolvidos: Trabalhar junto com os Departamentos de Cobrança e Marketing para entender suas ações futuras e treinar a equipe para trabalhar em conformidade com os outros departamentos.

Habilidades técnicas: Suficientes para lidar com a escolha, a compra e o treinamento associados a atualizações de software.

Habilidades interpessoais e para o trabalho em equipe: Capacidade de contratar e chefiar uma equipe de pessoas altamente motivadas e treinadas, com excelentes habilidades para lidar com o público.

Resultados (táticos, estratégicos, criativos): Contratar uma empresa de Pesquisa de Mercado para fazer pesquisa sobre Satisfação dos Clientes. Preparar um Plano de Ação baseado em resultados/prazos e obter aprovação da diretoria. Contratar, treinar e motivar um tipo completamente novo de pessoas para trabalhar no departamento. Escolher a melhor solução de software para ajudar a equipe a atingir seus objetivos. Desenvolver soluções intermediárias para atingir as metas citadas, sem perder de vista os objetivos de longo prazo. Lidar com exceções e mudanças em relação ao plano original. Sugerir e obter aprovação para recompensar de forma especial a si mesmo e a outros funcionários do departamento que ultrapassarem as metas.

As descrições de cargos no mundo real incluem um organograma que deixamos de lado por motivo de simplificação do exemplo. Não deixe de incluir um nas descrições de cargo que preparar.

Agora tente fazer o mesmo para a próxima pessoa que precise contratar para sua empresa. Você verá que fazer esse dever de casa atrairá as pessoas certas, colocará os entrevistadores no foco e a pessoa, uma vez contratada, logo se destacará!

DINHEIRO

Um provérbio sueco diz que dinheiro não traz felicidade. Mas ajuda à beça.

A gente aprende na aula de Finanças tudo sobre como calcular Retorno sobre o Investimento, e rapidamente se adapta ao dinheiro como "fita métrica" do sucesso empresarial. A gente aprende na aula de Economia que o objetivo de um executivo é enriquecer o acionista da empresa em que trabalha. A gente observa muitas empresas bem-sucedidas dando ações, ou opções de ações, a seus empregados: assim, eles enriquecerão junto com os acionistas para quem trabalham.

Por extensão (e que extensão potencialmente perigosa!) na sociedade moderna, o dinheiro acaba sendo o quantificador básico de sucesso.

E durante as primeiras duas ou três décadas de nossa vida profissional, o dinheiro assume um papel muito importante: queremos comprar e equipar nosso próprio imóvel ("quem casa quer casa"), dar uma vida confortável a nossos filhos (e às vezes também a nossos pais) e visitar lugares interessantes.

Há um momento na vida em que não somos mais movidos a dinheiro. Ou porque já temos o *suficiente*, ou nos damos conta de que no tempo que nos resta de vida não há como ficarmos significativamente mais ricos, nosso "botão mágico" passa a ser realização (no trabalho, na família, no meio social em que vivemos ou na sociedade).

A cada um de nós compete olhar para a palavra "suficiente" no parágrafo anterior e definir sua versão de "suficiente". Entenda a legislação referente a fundos de pensão e invista em um deles. Em seguida, contrate um dos muitos, e competentes, gestores de riquezas que temos no Brasil e confie a ele seu dinheiro. Muitos aceitam um investimento inicial mínimo de R$5 mil. Negocie cuidadosamente todas as suas oportunidades profissionais (lembre-se de que na vida a gente não ganha o que merece, ganha o que negocia). Mas em momento algum permita que o dinheiro norteie sua vida.

E-MAIL

Fale com o pessoal do suporte de informática se você estiver recebendo muito spam e eles aumentarão o nível de filtro anti-spam. Bote na lista negra todos os spams que receber. Peça que um técnico venha até seu computador e crie uma segunda caixa de entrada só para os e-mails em que você é copiado, não o destinatário. A idéia é abrir a caixa de entrada em que você seja o destinatário várias vezes por dia, mas a caixa de entrada em que você é copiado (que, presume-se, é só para sua informação) apenas uma vez, no final da tarde, ou no início do dia. Um funcionário do suporte fará isso em menos de cinco minutos. As pessoas que fizeram isso juram que o tempo gasto com a leitura de e-mail caiu cerca de 10%-15%. Aproveite para pedir a esse funcionário do suporte para fazer com que seu computador apague automaticamente todos os e-mails datados de mais de seis meses tanto da caixa de entrada quanto dos itens enviados. Mas, antes de fazer isso, crie pastas para cada um dos assuntos/clientes importantes e regularmente mova para elas todas as mensagens importantes. Se você passa muito tempo em lugares em que o acesso a e-mail é precário, peça às pessoas para evitarem lhe enviar e-mails com arquivos grandes anexados. Se você não gosta de receber piadas em seu e-mail de trabalho, mas, mesmo assim, gosta de lê-las, crie um endereço pessoal, e diga aos amigos que prefere recebê-las nesse outro endereço. Algumas pessoas precisam ter acesso remoto disponibilizado por telefones celulares, como o Blackberry, e aparelhos híbridos de celular/e-mail como o Treo. As pessoas que circulam em áreas com altos índices de roubo de laptops podem considerar uma boa alternativa. Pense bem e só opte por essa alternativa se realmente precisar dela, pois o acesso remoto a e-mail pode ser invasivo.

EMPREGO

Muitas das pessoas que estão procurando emprego me fazem a seguinte pergunta: "Como posso achar uma empresa que combine melhor com meu estilo?" Essa é uma pergunta muito simples, mas de difícil resposta. E, infelizmente, os livros não trazem muitas informações diretas sobre o assunto. Se isso fosse fácil de fazer, o número de pessoas infelizes no emprego cairia drasticamente.

Em primeiro lugar, temos de nos debater um pouco com o sentido da palavra "estilo", contida na pergunta citada. Numa classificação básica, todo mundo tem

- um estilo de pensamento[25]
- um estilo de tomada de decisão
- um estilo de liderança

E todos os três mudam quando se está trabalhando sob pressão.

Muita gente me diz que seu estilo pessoal não muda sob pressão. Minha resposta é sempre que, se isso fosse verdade, ou eles seriam uma aberração estatística, ou não seriam seres humanos.

Então, numa primeira aproximação, se considerarmos que existem três níveis de pressão (digamos, baixo, médio e alto) e multiplicássemos esse número por três – o número de estilos descritos –, você teria de tentar combinar nove "estilos" diferentes.

É claro que encontrar uma empresa que acolha efusivamente todos esses nove estilos de determinada pessoa, com um encaixe exato, é algo impossível. Mas podemos chegar mais perto do que o atual comportamento de tentativa-e-erro que percebo na maioria das pessoas que estão procurando emprego.

Por outro lado, algumas empresas reclamam que sua força de trabalho é muito homogênea e, desse modo, é difícil fazer qualquer mudan-

---

[25]Katherine Benziger, op. cit., argumenta, no meu entender corretamente, que este primeiro determina os outros dois.

ça. Um ex-CEO da Shell Brasil costumava dizer: "Quando todo mundo pensa igual, ninguém pensa muito." E nenhuma mudança empresarial é possível, a menos que de 10% a 15% de sua força de trabalho seja composta de pessoas que sejam capazes de "virar o jogo", trabalhando em cargos estratégicos da empresa. Daí decorre que as pessoas contratadas para mudar a cultura empresarial devem adequar seu estilo o suficiente para não serem rejeitadas nos primeiros 90 dias, mas devem "descombinar" o suficiente para realizar a mudança proposta, tornando-se agentes de mudança eficazes. Chamo isso de "perfil convergente", isto é, alguém que se parece mais com o jeito que uma empresa pretende ter do que com o que tem hoje.

Concentrei-me na importância de combinar as preferências individuais com a cultura corporativa ao escolher a próxima empresa em que você trabalhará. Mas como isso é feito na prática? Todos nós sabemos que é difícil descrever as culturas corporativas e ainda mais difícil modificá-las.[26]

Ao tentar responder a essa pergunta, tenho catalogado as dicas de alguns candidatos espertos que desenvolveram algumas técnicas excelentes de Identificação Rápida de Cultura Corporativa.

Suponha, por exemplo, que você queira trabalhar numa empresa em que fazer hora extra reflete falta de organização pessoal, não o caminho mais curto para progredir na carreira. Quando eles ligarem para marcar a segunda ou terceira entrevista, diga que você está no meio da entrega de um projeto importante e só poderá comparecer a entrevistas depois das 18 horas. Ao chegar lá, verifique quantas pessoas ainda estão em suas mesas trabalhando. Se mais de 50% das mesas estiverem ocupadas, há grande chance de esta não ser a empresa ideal para você trabalhar.

Outra candidata tinha uma lista de perguntas para o entrevistador na primeira entrevista. Quando o entrevistador começou a dar sinais de que encerraria a entrevista, ela disse que também tinha algumas per-

---

[26]Vide o verbete **Cultura da Empresa**.

guntas a fazer. Elas se referiam ao progresso profissional de mulheres e à proporção do trabalho em equipes interdisciplinares. Resultado: uma entrevista de 15 minutos se tornou uma entrevista de 45 minutos e o entrevistador, visivelmente impressionado com o interesse dela em trabalhar na empresa, fez uma recomendação positiva.

Uma de minhas histórias de candidato preferidas aconteceu em uma grande multinacional européia em que o candidato havia diagnosticado que o estilo de tomada de decisão preferido da empresa era o consenso, o que significava que muitas pessoas teriam de estar de acordo para contratá-lo. Isso, por sua vez, significava que, se confrontado com vários entrevistadores ao mesmo tempo, teria de ter algo para apresentar. E se fosse com um só entrevistador, teria de deixar algo para o entrevistador pensar e comentar com seus colegas. A partir de sua terceira ou quarta entrevista, o candidato levava consigo uma apresentação de seis quadros de qual seria seu plano de ação, se contratado. E, toda vez que falava nela, alertava que a apresentação se baseava em informações disponíveis publicamente e que, portanto, poderia soar ingênua para os presentes (uma coisa que recomendo fortemente se você também tentar essa técnica).

Qual é a lição que extraímos daqui? Que todo mundo, antes de partir à procura de emprego, deve fazer três listas:

1. O que realmente quero?
2. O que não quero de jeito nenhum?
3. O que é irrelevante para mim?

No mínimo, essas três listas deverão refletir sua postura sobre mudar-se para outra cidade, tempo de deslocamento para o trabalho, quantidade de trabalho extra (regular), quantidade de supervisão que você precisa/quer, com quais estilos de tomada de decisão você mais (menos) se identifica, o quanto você gosta de trabalhar em equipes interdisciplinares, quantas noites por ano você topa dormir numa cama de hotel e quais são seus caminhos preferidos para progredir na carreira.[27]

[27] Vide o verbete **Trajetórias de Carreira**.

A Internet começou a fazer diferença em nossa vida a partir de 1997, mais ou menos, e desde então muito vem sendo escrito sobre seu impacto no mercado de busca de emprego. Muitas profecias nunca se materializaram, sendo a mais notória a do desaparecimento do recrutamento como negócio.

Qual é, no meu entender, o impacto da Internet no mundo do recrutamento?

1. As pessoas estão muito mais proativas sobre seu próximo emprego, usam a Internet para escolher as empresas em que realmente gostariam de trabalhar e, dessa forma, aprendem tudo que está disponível ao público sobre elas. Muitos já aprenderam que a maneira mais fácil de irritar um entrevistador é fazer perguntas cujas respostas estão no site da empresa! Isso se coaduna muito bem com uma tendência poderosa, o desaparecimento da pessoa que busca emprego passivamente, e também com um novo paradigma de recrutamento, que foi batizado de "o Fluxo de Líderes".[28]
2. Algumas empresas vêm sendo particularmente bem-sucedidas no desenvolvimento de mecanismos de recrutamento via Internet, usando seus próprios sites. Não é surpresa que as empresas que sempre enfatizaram o recrutamento de recém-formados (Shell, L'Oréal) estejam no topo dessa lista. Em níveis mais rarefeitos da hierarquia, no entanto, o uso da Internet teve um desempenho irregular até agora, mas talvez seja melhor assim mesmo!
3. A carência global de gente qualificada causou o surgimento de duas tendências opostas de recrutamento: a) a comoditização do recrutamento cuja descrição de cargo seja "genérica" e b) a criação de butiques de *headhunters* altamente especializados por setor de atividade do cliente e/ou geografia. É evidente que culpar a Internet é um bruto exagero por parte de pessoas que não enxergam as mudanças fundamentais pelas quais o mercado de trabalho vem

---

[28]Jay Conger e Robert Fulmer, op. cit.

passando nos últimos 5 a 10 anos (há uma discussão idêntica, do tipo "tudo é culpa da Internet", ocorrendo neste exato momento, no negócio de agências de viagens...).

4. Algumas empresas, incluindo as de busca de candidatos, fizeram consideráveis investimentos em tecnologia de recrutamento pela Internet nos últimos cinco anos, para permitir que os candidatos aproximem-se discretamente, identifiquem-se e depois se responsabilizem pela manutenção de seus próprios dados. Algumas empresas permitem até que os candidatos concorram a vagas específicas através da Internet. Tudo isso, é claro, aumenta a proatividade do novo candidato, antes mencionada.

5. Graças à Internet, as pequenas empresas de recrutamento gozam agora de uma visibilidade que nunca tiveram antes. Sem falar na oportunidade de se diferenciarem, entre si, e em relação às empresas grandes. Algumas empresas concentram-se em (a) uma região (como o Vale do Silício), outras em (b) um segmento de mercado específico (como empregos na área de tecnologia), outras ainda em (c) ambas as coisas (empregos na área de tecnologia no Vale do Silício). Os tipos (b) e (c) estão em posição de lucrar mais com a Internet e, muito por causa disso, são as empresas que devem ser observadas mais de perto num futuro próximo.

6. Pelo menos dois terços das triagens de recrutamento são os bons e velhos formulários de candidatura, que migraram ilesos de seus antigos formatos em papel. Na maior parte do tempo, o que você vê está bem aquém da tecnologia disponível. Agora que o Google pode fazer triagem de anexos, não há mais razão para sobreviverem esses formulários bobos. O pessoal da logística está bem à frente nessa área: veja qualquer tela de seleção de fornecedores, e é muito provável que esteja anos-luz à frente da tela típica de recrutamento (o que pode sugerir algo sobre as prioridades das empresas nos dias atuais...).

7. A Internet engoliu o que no passado era um mercado próspero de anúncios de empregos em jornais. Exceto na Europa, onde ainda

florescem, os anúncios de emprego em jornais ficaram reduzidos a cargos cujo público-alvo não tem e-mail nem conexão Internet.
8. É surpreendente o quão amadorísticos são alguns desses esforços. Durante o *boom* da Internet, pessoas que sabiam muito sobre Internet, mas nada sobre, digamos, secos e molhados, criaram sites para vender secos e molhados, e fracassaram. Os sites de recrutamento não são diferentes, e a maioria parece ter sido criada por pessoas que não tinham a mínima idéia do processo ou do princípio de recrutamento.
9. Alguns recrutadores tentaram passar o processo de entrevistas para a Internet, com resultados terríveis. Isso ainda pode ser revisitado, nesta era da telefonia do tipo *voice-over-IP* completa com imagem. O ponto principal é que todas as tentativas de "robotizar" o recrutamento além da conta são imediatamente rejeitadas pelo mercado. A tecnologia complementa mas não substitui o contato humano.
10. As empresas e os recrutadores deveriam utilizar mais a Internet para fornecer aos candidatos já identificados outras informações, como descrições completas de cargos, demonstrações financeiras, arquivos de recortes de jornal e *briefings* sobre a empresa. Isso é feito quase sempre através do uso de acessos restritos a determinadas partes do site. Ajudar as pessoas a se prepararem para entrevistas obviamente torna as entrevistas mais inteligentes. E, nesta era da busca proativa de emprego, os candidatos estão escolhendo o próximo empregador tanto quanto os empregadores potenciais os estão selecionando!

Hoje em dia, as pessoas estão com um olho em seu emprego atual e o outro no próximo. E a Internet tem um papel-chave a desempenhar aqui. Não importa se ela é a causa ou o efeito.

Qual é a hora certa de mudar de emprego?

Muitos de nós já passamos pela situação de partir para o trabalho de manhã sem entusiasmo, durante o dia ficar olhando o relógio, ou nosso trabalho não render ou não sermos reconhecidos, e não enxergarmos perspectivas de progresso na organização. Por breves períodos, até agüentamos, ou porque há sinais de mudança no ar, ou porque não estamos emocionalmente preparados para encarar uma mudança. Mas, quando esses sentimentos se prolongam além da conta, chegou a hora de escovar o currículo e sair em campo.

Muita gente me procura dizendo que quer mudar de emprego, e eu sempre pergunto por quê. Eis o que ouço, em ordem decrescente de freqüência:

1. "Não respeito meu chefe": esta é de longe a reclamação mais comum e vai desde a falta de ética até a apropriação de idéias, passando por mesquinharias salariais.
2. "Não tenho futuro nesta empresa": você se candidatou às posições que apareceram, aprendeu/desaprendeu tudo o que precisava para chegar às posições, e nada aconteceu.
3. "Esta empresa não tem futuro": as dificuldades de uma empresa normalmente são sinalizadas com antecedência, pelos clientes, pelos fornecedores e pelo mercado de capitais.
4. "Eu ganho pouco": esta é uma das poucas reclamações que podem ser pesquisadas, e não é muito difícil descobrir quem paga melhor por suas habilidades.
5. "Não gosto do que faço": se você está em Finanças mas prefere trabalhar em Marketing, é melhor tentar isso primeiro em sua empresa atual, porque é muito difícil fazer isso mudando de empresa. Mas, se você pretende uma mudança drástica (você é advogado e quer ser pianista), então não tem jeito: peça demissão.

Muitas pessoas me dizem "não estou preparado para retornar ao mercado de trabalho". Primeiro, elas querem fazer aquela pós-graduação na França, ou aprimorar o inglês, ou emagrecer 20kg. Algumas dessas providências prévias são válidas; afinal, só você conhece a principal restrição a seu crescimento profissional. Mas pense bem se esta não é só mais uma desculpa para postergar uma decisão difícil.

Por último, não se deixe iludir pelas tais "sazonalidades" de mercado. Há, por exemplo, muito folclore de que o mercado de trabalho desaparece entre janeiro e março, e depois novamente em julho. Nos meus últimos 10 anos, meus meses com maior quantidade de buscas novas foram consistentemente janeiro e julho.

EMPRESA

A partir de uma pesquisa com 30 mil funcionários em 100 países, Gary Nielson e Bruce Pasternack, em seu livro *Resultados*,[29] propõem que toda empresa tem um DNA que, embora único, permite a classificação em sete "classes" diferentes. Destas sete, quatro são doentias, duas neutras e uma saudável, conforme segue:

A empresa *passivo-agressiva*: Construir o consenso nessas empresas é fácil, mas a execução é quase impossível. Isso porque as pessoas concordam, mas, assim que a reunião termina, começam a sabotar a implantação. As empresas passivo-agressivas estão cheias de gente que parece apoiar a iniciativa, mas que, na realidade, está fazendo – ativa ou passivamente – todo o possível para garantir que isso nunca dê certo. Os autores confessam que esse é o tipo de organização mais difícil de consertar. As pessoas não conseguem tomar medidas decisivas, porque o que parece ser aquiescência é, na verdade, resistência disfarçada. E, quando as decisões são tomadas, elas quase certamente serão vetadas ou ignoradas. A solução começa quando os direitos de decisão são concedidos aos mais capacitados e posicionados para fazer gerar resultados positivos. Mas a coisa não pára por aí: a solução deve se certificar de que as pessoas que vão tomar

---

[29]Gary Nielson e Bruce Pasternack. *Resultados – Mantenha o que Está Certo, Corrija o que Está Errado e Obtenha um Ótimo Desempenho.* Editora Rocco, 2007.

decisões: 1) tenham acesso a boas informações em tempo hábil e 2) sejam responsáveis, valorizadas e recompensadas por tomar decisões que levem a uma execução bem-sucedida. Por fim, a administração sênior deve azeitar o processo de decisão, removendo obstáculos e nomeando responsáveis por tomar conta da execução.

A empresa dos *avanços esporádicos*: Esse tipo de organização atrai gente inteligente, com iniciativa e empreendedora, e essas pessoas muito especiais, se estiverem altamente automotivadas, farão com que grandes coisas aconteçam, desde que: 1) haja um sólido sistema de valores entre os funcionários e 2) a administração sênior dê uma orientação substancial e redirecione as colisões/redundâncias potenciais. Caso contrário, o mercado receberá mensagens conflituosas de seu comportamento espasmódico e, conseqüentemente, subvalorizará essas empresas de forma consistente. O que está acontecendo? Uma empresa dos Avanços Esporádicos claramente brilha no departamento Talentos, mas perde nas habilidades gerenciais necessárias para canalizar toda essa energia criativa. Sob pressão, eles trabalham mais, trazendo à tona mais ainda suas deficiências de coordenação. Pessoas demais têm poder de tomar decisões, quase sempre com pouca ou nenhuma informação além dos dados gerados pelo grupo imediato do tomador de decisão. Você já pode adivinhar o resto: não há critérios consistentes de remuneração/ premiação. Avaliações de desempenho fracas invariavelmente levam a recompensas amplamente desconectadas da orientação estratégica da empresa (se, de fato, houver alguma). Logo, as pessoas vão começar a atualizar seus currículos. Os melhores vão embora primeiro. E a empresa dos Avanços Esporádicos perde sua principal vantagem competitiva: seus funcionários.

A empresa *superdesenvolvida*: As empresas superdesenvolvidas são as que estão estourando as costuras da roupa, porque seu modelo de gerenciamento foi projetado para uma empresa muito menor. Talvez agora ela esteja grande e complexa demais para ser dirigida com eficiência por uma equipe pequena de executivos na sede. Ela reage lentamente às mudanças no mercado. Quando o faz, é de forma reativa e/ou tarde demais. As informações pertinentes ao processo de tomada de decisão estão localizadas o mais longe possível daqueles que estão investidos do poder de decisão, que deveria estar perto do cliente. As pessoas falam saudosamente dos "bons velhos tempos", quando tudo que se tinha de fazer antes de tomar uma decisão era cercar uma ou duas pessoas no corredor, ou dar dois telefonemas rápidos. As pessoas próximas dos clientes elaboram formas intrincadas de circunavegar a matriz. Há mais exceções do que regras. As soluções devem guardar os benefícios da escala e, ao mesmo tempo, empurrar a tomada de decisão mais para perto do cliente. Identifique os que fazem a diferença e recompense-os de acordo, lembrando que os melhores provavelmente já foram embora. Como essas empresas tendem a ter uma cultura acolhedora e poderosa, recarregar as baterias das pessoas pode ser só uma questão de divulgação de que as mudanças que elas tanto almejaram finalmente vão se tornar realidade.

A empresa *superadministrada*: Este tipo de empresa ilustra todas as características ruins da empresa de Comando e Controle. Como os superiores gastam a maior parte do tempo conferindo as informações que recebem, a ação é lenta, mal direcionada ou inexistente. As empresas superadministradas têm em comum com as organizações superdesenvolvidas um sistema de decisão de cima para baixo, mas as divisões intermediárias têm muito mais gordura. De fato, passar pelos cargos intermediários para fazer com que alguma coisa seja feita pode ser uma tarefa inglória. As reuniões em geral acontecem em auditórios, porque as salas de reunião nunca são grandes o bastante para comportar todas as pessoas envolvidas. Nessas empresas, as pessoas que fazem apresentações preparam-nas com anotações de apoio muito extensas ("para o caso de perguntarem"), que nunca são realmente apresentadas. Os autores contam que as pessoas dentro dessas empresas superadministradas têm o ar mais desanimado e as atitudes mais negativas de todas as pessoas analisadas. Não é preciso investigar muito: não há consistência nas recompensas e promoções, a propriedade e a responsabilidade não são claras e as pessoas com iniciativa não têm permissão para exercê-la. A administração sênior não detém informações confiáveis e os gerentes de linha não sabem como sua divisão, quiçá a empresa inteira, está indo. Cortar sumariamente os escalões intermediários quase nunca é uma solução, porque todas essas linhas e caixas são mais um sintoma do que uma causa. Ao contrário, as empresas superadministradas devem separar os processos-chave, descobrir quem precisa tomar quais decisões e quando, projetar uma nova empresa em torno de si, certificar-se de que as informações adequadas cheguem a tempo e, por fim, criar e implementar um novo sistema de recompensas, que reflita claramente as novas prioridades.

A empresa *just-in-time*: Estas empresas têm um forte senso de missão, têm um número significativo de pessoas muito talentosas e são capazes de mudar a direção rapidamente em reação a tendências de mercado, embora raramente o façam como resultado de medidas proativas de previsão dessas tendências. São ótimos lugares para aprender e fomentam uma atmosfera de descoberta e até mesmo de avanço. No entanto, a menos que estruturas justas e processos consistentes existam, podem freqüentemente ser como o jogador que acerta só uma jogada genial, e não uma fonte confiável de vantagem competitiva. Essas são empresas que dão resultado, mas não de forma consistente. Talvez não sejam muito boas em nutrir relações de longo prazo com clientes-chave. Também raramente são expansíveis. Os "heróis" internos são sempre pessoas que arrebataram o sucesso das garras do fracasso aos 44 minutos do segundo tempo. Logo depois de mais uma comemoração, ficam pensando quantas vezes isso foi feito no passado, e por que ninguém na época teve o trabalho de documentar essa vitória anterior, para que toda essa adrenalina não fosse desperdiçada de novo. Como num filme projetado de forma acelerada, quem está de fora sempre fica com a impressão de que as pessoas andam um pouco mais rápido do que deveriam. Só que o corpo humano não foi projetado para correr maratona como se corre em 100 metros rasos, e por isso as empresas *just in time* são fontes famosas de exaustão gerencial. A solução é complicada pelo fato de que essas pessoas, nesse tipo de empresa, rejeitam uma ênfase maior em Processo e Estrutura como iniciativas que podem tornar a empresa "entediante". Todas as soluções devem necessariamente afastar, de forma lenta mas deliberada, a mentalidade de "mirar depois de disparar". Infelizmente, isso só acontece depois de ter perdido os melhores executivos, a maioria por esgotamento.

A empresa de *precisão militar*: Assim como no vôo em formação, todo mundo conhece seu papel em uma empresa de precisão militar. Ela é disciplinada e muito coordenada. É hierárquica e consegue processar grandes volumes de transações semelhantes. São dirigidas como boas equipes esportivas, que treinam as jogadas exaustivamente, até se tornarem instintivas. Apesar de realizarem brilhantemente todas as atividades para as quais foram planejadas, o mesmo não pode ser dito de sua capacidade de lidar com o inesperado. Como os futuros líderes devem ser construídos, e não só treinados, seu maior desafio é descobrir e preparar a próxima geração de líderes. Também podem ficar tão envolvidos com a melhoria de seus processos internos que deixam de ler – inclusive nas entrelinhas – as informações que fluem para o escritório central, vindas das linhas de frente. Como tipicamente não lidam bem com o inesperado, esse erro pode mantê-las ignorantes das mudanças principais, mas sutis, ocorridas no mercado, até que seja tarde demais.

A empresa *resiliente*: As empresas resilientes parecem ter tudo: seus resultados são maravilhosos, suas marcas são respeitadas e atraem as melhores pessoas. Todos conhecem suas prioridades e os sistemas de recompensas existentes estão intimamente ligados a essas prioridades. Desse modo, se uma pessoa trabalha 50% mais do que seu colega ao lado, sabe que ganhará 50% a mais de bônus. As empresas resilientes também detestam exposição na mídia, nunca repousam sobre os louros, estão sempre esquadrinhando o horizonte em busca de mudanças e estão prontas para se reinventar toda segunda-feira de manhã. A resiliência não é um estágio final, mas uma jornada contínua. Todas as empresas resilientes têm um "Molho Secreto", que muda de uma empresa para a outra, mas que consistentemente inclui os quatro ingredientes a seguir: 1) um filtro eficaz de frivolidades que separa tendências reais de modas passageiras, 2) ligações fortes com clientes, 3) um mecanismo autocorretor que absorve informações sobre tendências de mercado e as incorpora num redesenho interno mais ou menos contínuo, e 4) uma atitude de sinceridade e franqueza, às vezes brutalmente sincera e franca, com todos os níveis. Sobre esse último ponto, os que responderam ao levantamento mencionam a capacidade da administração superior de levar as más notícias ao conhecimento dos funcionários e tomar medidas corretivas prontamente. Eles sabem que a complacência mantém os medíocres e afasta os verdadeiramente talentosos.

Descubra em que categoria sua empresa se classifica visitando o site http://www.orgdna.com e respondendo a um questionário simples (19 perguntas, tempo total estimado de cinco minutos) em uma de 12 línguas. Alguns de vocês terão a oportunidade de ter verdadeiros insights sobre por que algumas coisas não estão funcionando em suas empresas e, quem sabe, terão o poder ou a influência para fazer algo a respeito.

EMPRESA (PRÓPRIA)

Você sonha em criar o próprio negócio? Neste verbete, vamos:

1. Identificar os vários tipos diferentes de atividades autônomas.
2. Fornecer às pessoas que estejam pensando em passar para o mundo da autonomia um ferramental que lhes dê uma maior chance de sucesso com a decisão.
3. Mostrar que, enquanto algumas habilidades e competências necessárias para se ter sucesso no mundo dos autônomos são inatas, outras podem ser aprendidas.

Em primeiro lugar, vamos tentar identificar os diferentes tipos de trabalho autônomo:

Estilo de vida[30]

Algumas pessoas decidem trabalhar por conta própria por uma questão de estilo de vida. Seu metabolismo não se ajusta ao horário comercial normal e/ou têm o espírito livre demais para tolerar regras de comportamento empresarial. Algumas estão cansadas do número crescente de engenhocas no escritório moderno e querem criar um ambiente de trabalho mais humano. Ou talvez tenham entes queridos (crianças pequenas, pais doentes) que exijam atenção. Essas escolhas de estilo de vida podem durar a vida inteira ou só alguns anos e, como o trabalho normal as incomoda tão profundamente, essas pessoas têm um grau de motivação tão alto que acabam trabalhando por conta própria. Por essa razão, elas dariam pouca ou nenhuma ênfase a algumas das regras práticas propostas aqui, principalmente em relação aos riscos e sacrifícios financeiros.

Empreendedores seriais

Empreendedores Seriais são os trabalhadores por conta própria que querem abrir empresas que possam vender mais à frente com substancial lucro. Muitas vezes, esse motivo financeiro vem acompanhado de um forte desejo de criar algo novo ou incomum, lançando no mercado um novo conceito ou uma nova descoberta. Empreendedores abrem empresas, ou recuperam empresas já existentes, com o intuito

---

[30]O professor William Wetzel, da Universidade de New Hampshire, propôs o termo "empreendedor como opção de estilo de vida" (*lifestyle entrepreneur*) em 1987. Não tenho certeza se gosto do termo, pois nem todas as pessoas que lançam moda se candidatam a ser empresárias, nem sequer desejam sê-lo. No entanto, a cultura popular interligou as duas coisas e as pessoas que trabalham por conta própria são constantemente perguntadas sobre quando estarão lançando o próximo Google, Apple ou eBay. Talvez você só queira abrir uma empresa de mergulho ou de alpinismo e isso seja somente um desejo pessoal, nada que você queira vender por milhões alguns anos à frente.

de torná-las maiores e melhores, para poderem vendê-las a um concorrente, cliente-chave ou fornecedor decisivo, a uma grande companhia (da qual essa empresa se torne uma unidade comercial), ou abrir seu capital na Bolsa de Valores, tornando-se um acionista minoritário, seja mantendo um cargo gerencial ou um lugar no Conselho de Administração. Durante todo o processo, têm em mente um único objetivo: vender a empresa (chamado de "*flipping*" na terminologia de *venture capital*).

Alpinistas

Trata-se de um perfil específico, regularmente confundido com o do Empreendedor. Essas pessoas têm um determinado projeto na cabeça, percebem que abrir uma empresa é a melhor forma de realizar isso e envidam todos os esforços para alcançar esse objetivo. Como escalar uma montanha, o desafio termina quando chegam ao topo e sua próxima tarefa é descer a montanha. Trata-se de uma determinação. O problema é que sua definição de "topo" pode ser muito pessoal e os outros nem sempre concordarão com ele. Eis a razão pela qual os Alpinistas merecem uma classificação separada da dos Empreendedores, cuja definição de "topo" é muito clara e coincide com o que consideram o momento economicamente ideal de vender da empresa. Os Alpinistas puros, por outro lado, ficam entediados ao chegarem ao topo particular. Talvez o protótipo esteja terminado, mas não queiram dar o próximo passo, para colocá-lo em produção de verdade. Ou talvez o primeiro produto bem-sucedido esteja sendo comercializado, mas seus criadores não estejam estimulados a lançar seus produtos derivados.

Artesãos

Algumas profissões são particularmente apropriadas ao vôo solo. A maioria dos dentistas e veterinários trabalha por conta própria. Assim como 37% dos médicos nos Estados Unidos. Jornalistas *freelancers*, tradutores, intérpretes e *web designers* pertencem a essa categoria. E todos nós conhecemos pelo menos um relojoeiro ou um marceneiro (ou, como eu, um coach de executivos) que seja autônomo.

A maioria dos artistas trabalha por conta própria, pela própria natureza da atividade. Pintores, escultores, roteiristas, autores teatrais e escritores pertencem a essa categoria. Mas alguns deles (principalmente atores e músicos), de tempos em tempos, são contratados por grandes produtoras.

Algumas pessoas que contemplam trabalhar por conta própria tendem a confundir essa categoria com a oficialização de um hobby (por exemplo, restauração de carros) e, alguns meses depois, descobre que o que motiva um hobby não combina muito bem com botar comida na mesa.

Executivos interinos

Essa é uma categoria híbrida. Um executivo, em geral uma pessoa mais experiente, quer trabalhar para uma empresa, mas dedicar-se a um objetivo específico por um período que não exceda um ano. Este executivo já escalou as etapas do progresso corporativo convencional, e não quer mais lidar com os comportamentos pouco saudáveis que isso geralmente ocasiona. É diferente de ser um consultor *freelancer*, pois esse executivo terá um cargo específico e os funcionários da empresa se reportando a ele. É diferente do executivo permanente, mas contratado como pessoa jurídica, meramente como artifício para a redução de impostos. Na Europa, esse mercado é muito grande, e 40% da demanda refere-se à recuperação de empresas, 25%, à implementação de plataformas de tecnologia da informação, do tipo SAP ou Oracle, e o restante, à conquista de novos mercados (como a venda de suco de laranja na

China) ou à implementação de um novo procedimento (como um novo sistema 360 graus de avaliação de desempenho).[31]

Terceirizados

A terceirização gerou uma série de oportunidades de trabalho autônomo em atividades que anteriormente se desenvolviam dentro do domínio da empresa. Vide a onda recente do "concierge corporativo", que organiza eventos e reserva vôos e hotéis, papéis no passado a cargo de secretárias executivas, uma profissão que ora sofre de carência aguda.

Então, se alguma dessas alternativas despertou seu interesse e se você vem pensando seriamente em passar a trabalhar por conta própria, faça o teste e depois analise seus resultados, seguindo as seguintes instruções:

Teste da aptidão para trabalhar por conta própria[32]

Responda às 30 perguntas. Se sua resposta for positiva, acumule o número de pontos indicado ao lado da pergunta. Se a resposta for negativa ou se você não tiver certeza, pule a pergunta e não marque pontos.

1. Você almeja ter autonomia e independência em sua vida e seu trabalho? **3**
2. Você consegue trabalhar sozinho sem o apoio dos colegas e a sociabilidade do ambiente de trabalho? **3**
3. Você consegue viver com a ansiedade diária de não ter um salário regular? **2**
4. Você se sente compelido a expressar sua individualidade administrando seu próprio negócio? **3**

---

[31]A Interim Management Association, sediada em Londres, tem em seu site um artigo importante em inglês sobre como saber se você tem o perfil apropriado para ser Gestor Interino: http://www.interimmanagement.uk.com/pages/good-interim-manager.aspx.
[32]Criado por James Chan, PhD, autor de *Spare Room Tycoon: The Seventy Lessons of Sane Self-employment*, Nicholas Brealey Publishing, 2000.

5. Você encara seu negócio como uma missão ou uma aventura? **3**
6. Você nasceu numa família de empreendedores? **2**
7. Você tem o estilo de fazer as coisas sozinho? **3**
8. Você tem os recursos financeiros necessários para cobrir suas despesas pessoais pelos próximos 12 meses? **3**
9. Você tem o apoio de seu marido/sua mulher e de seus filhos para começar seu próprio negócio? **5**
10. Você consegue viver com o salário de sua mulher/seu marido, caso não consiga ter um rendimento adequado no primeiro ano? **3**
11. Você sabe que tipo de negócio quer abrir? **5**
12. Você tem experiência na área do negócio que quer abrir? **6**
13. Você quer tentar abrir o negócio mesmo que não consiga ter sucesso? **2**
14. Você sabe quem serão seus fregueses ou clientes? **3**
15. Você sabe onde seus fregueses ou clientes se localizam? **3**
16. Você está confiante que as pessoas pagarão para usar seus serviços ou comprar seu produto? **3**
17. Você já conseguiu ganhar dinheiro com o negócio que planeja abrir? **6**
18. Você se sente confortável ao vender a si mesmo ou seus serviços para estranhos? **5**
19. Você se sente confortável ao lidar com os diferentes papéis e personalidades que vai ter de desempenhar ou ter? **3**
20. Você vê seu negócio como uma extensão de sua identidade pessoal? **3**
21. Você está disposto a desempenhar muitos papéis em seu negócio – ser o executivo principal, o datilógrafo, o técnico, o homem de marketing, o vendedor e o zelador – muitas vezes simultaneamente? **3**
22. Você tem um nome para sua empresa? **3**
23. Você está ciente das exigências legais para a abertura de seu negócio? **3**

24. Você ainda gostaria de abrir o próprio negócio mesmo que ele nunca venha a se tornar uma grande empresa? **6**
25. Você sabe exatamente como vai promover seu negócio?
26. De acordo com a Small Business Administration (Administração de Pequenas Empresas, nos Estados Unidos), 66% de todas as novas empresas sobrevivem somente por dois anos; 50% sobrevivem por quarto anos e somente 40% continuarão a operar depois de seis anos. Você quer abrir seu próprio negócio assim mesmo? **2**
27. Muitos empreendedores fracassam algumas vezes antes de terem sucesso. Você quer abrir seu negócio mesmo sabendo que pode vir a fracassar? **2**
28. Cerca de 20% de todos os novos negócios começam em casa. Você se sente confortável com a idéia de começar em casa? **3**
29. Você é uma pessoa persistente? Você tende a realizar aquilo que se dispõe a fazer? **3**
30. Você já trabalhou por conta própria no passado por mais de cinco anos? **3**

O total é de 100 pontos. Se seu resultado foi 70 pontos ou mais, isso indica uma grande chance de sucesso. Se seu resultado ficou abaixo de 70 e se não marcou as perguntas 14, 15, 16 e 23, observe que essas habilidades podem ser aprendidas.

ENSINAR

Uma das principais tarefas de um líder é desenvolver os outros, em particular seus subordinados. Afinal, nenhuma organização pode ser melhor que as pessoas que estão dentro dela e, como tal, compete ao líder recrutar e desenvolver o melhor talento possível. Se você tem subordinados, e quer que um dia os outros o chamem de líder, esse quesito é um excelente lugar para começar.

A primeira coisa a ensinar é Humildade, porque os arrogantes, por acharem que sabem tudo, não aprendem nada. Para a pessoa que presta atenção nessas coisas, é fácil identificar a humildade, em particular a humildade da mente aberta ao aprendizado.

A segunda coisa é um pouco mais difícil de observar nas pessoas a quem você pretende ensinar algo, mas não menos importante: se *aprender* é difícil, *desaprender* é mais difícil ainda. E como sabemos que para você poder *aprender* uma coisa muitas vezes precisa primeiro *desaprender* outra, ao desenvolver uma agenda de aprendizado para si ou para os outros, observe atentamente se deu igual ênfase a aprendizado e desaprendizado.

Antes de continuar, permita-me propor uma taxonomia da ignorância:

Nível 1: Primeiro, a pessoa acha que aquilo que não sabe não existe.
Nivel 2: Depois, a pessoa não sabe o que não sabe.
Nível 3: As pessoas neste nível sabem o que não sabem.

Quando você quiser ensinar alguma coisa para alguém, primeiro descubra o quanto essa pessoa já sabe sobre o tema.[33] Uma resposta no nível 1 é bem característica: a pessoa olha para você como se você tivesse acabado de falar uma frase inteira em urdu ou norueguês. Uma resposta no nível 3 provavelmente está um pouco inflada, mas no decurso da conversa posterior você vai descobrir isso.

Claro que pessoas no Nível 1 são difíceis, mas as respostas que exigirão a maior delicadeza de sua parte são aquelas no limite superior do Nível 2, porque uma pessoa neste ponto provavelmente está frustradíssima com o que ainda falta aprender.

Vide também o verbete **Aprender**.

---

[33] E há formas delicadas de se perguntar isso, como: "Só para eu não matá-la de tédio, primeiro diga, por favor, numa escala de zero a dez, o quanto você entende do assunto X?"

ENTREVISTA (DE RECRUTAMENTO)

Um dia, vou escrever um livro só sobre esse tema. Vou dividir este verbete em duas partes, para entrevistados e para entrevistadores, mas eu o encorajo a ler o verbete inteiro, independentemente do lado em que você se situa.

Se você é um entrevistado:

1. Aprenda via Internet tudo sobre a empresa, seu setor, seus concorrentes (a maneira mais fácil de irritar um entrevistador é fazer uma pergunta cuja resposta esteja no site da empresa). Alguns candidatos analisam os três últimos demonstrativos financeiros publicados, à procura de *três boas notícias* e *três más notícias*. Ou seja, procure nos indicadores financeiros três tendências favoráveis e três tendências desfavoráveis. No caso de recrutamentos feitos por intermédio de empresa de recrutamento, alguns candidatos relatam que ajuda muito aprender o máximo possível sobre essa outra empresa também.
2. Pergunte qual é o traje, vista-se de acordo e chegue 10 minutos antes. Desligue o celular antes de entrar na entrevista.
3. Um candidato me ensinou que sentar um pouco mais próximo à beira da poltrona não só contribui para uma postura mais ereta, como também – palavras dele – "passa mais energia" para o entrevistador. Mas ele mesmo alerta para não sentar tão na beirada que você corre o risco de cair!
4. Observe que o entrevistador faz perguntas *abertas* e perguntas *fechadas*. Lembre-se de que uma pergunta aberta exige uma resposta aberta, enquanto uma pergunta fechada exige uma resposta fechada. Se o entrevistador pedir "Descreva como foi a implantação do SAP em sua empresa" (pergunta aberta), você não deve responder "Foi muito difícil" (resposta fechada) apenas. Se o entrevistador perguntar "Em que dia você nasceu?" (pergunta fechada), você não deve falar se naquele dia chovia ou não, em

que hospital nasceu, nem quantas horas sua mãe passou em trabalho de parto...
5. Tenha algumas perguntas previamente preparadas. Lembre-se de que isso passa interesse, além de naturalmente fornecer informação útil para você tomar uma decisão importante de carreira. Uma boa pergunta (aberta) é como o entrevistador enxerga a trajetória profissional do candidato finalista cinco anos à frente.
6. Na resposta ao tópico anterior, observe se o entrevistador dá igual ênfase às quatro trajetórias de carreira (Linear, Espiral, Especialista e Transitório), e não apenas à Linear (vide o verbete **Trajetórias de Carreira**).
7. Jamais fale mal de sua empresa atual ou anterior, mesmo que (e este é o "momento Enron") suas agruras sejam de domínio público.
8. Jamais fale de salário na primeira entrevista. Há indícios de candidatos que fazem isso, na realidade falsos candidatos, porque não têm nenhum interesse em sair da empresa em que se encontram; estão apenas juntando informações para pedir aumento de salário...
9. Nas entrevistas realizadas na empresa contratante, procure observar sinais de patologia corporativa (vide o verbete **Tóxica, Empresa** para uma lista dos sintomas) no entrevistador e no ambiente.
10. Se ficar claro que você não é o candidato ideal para a posição, evite partir para a apelação, buscando indícios tênues em seu histórico remoto para forçar a barra (já ouvi coisas incríveis, a melhor delas "petróleo está no meu DNA, porque meu avô era geólogo"). Na gíria da profissão, esse candidato é o "calçadeira" ("shoe-horn", em inglês), porque chega à entrevista com uma calçadeira metafórica na mão. É melhor você se despedir e retirar-se do proceso de forma madura e elegante. Você será lembrado por isso e procurado quando aparecer uma busca em que realmente encaixar bem.
11. Se você é o finalista, lembre-se de que *remuneração* é apenas um dos itens a negociar: demonstre sua preparação cuidadosa com perguntas inteligentes sobre quantas noites por ano você espera dormir na própria cama, qual é a política da empresa sobre reem-

bolso parcial/total de congressos, conferências, seminários e cursos de pós-graduação, e qual é a probabilidade de no futuro você ser convidado para trabalhar em outro país.

Se você é um entrevistador:

1. Aprenda tudo sobre a posição para a qual está entrevistando. Isso inclui, no mínimo, conhecimento da Descrição de Cargo (vide o verbete **Descrição de Cargo**). Liste os Fatores Críticos de Sucesso do cargo (isto é, aquelas cinco ou seis coisas imprescindíveis para a pessoa dar certo na posição) numa folha à parte usando suas próprias palavras. Liste também o que espera dessa pessoa em 90 dias, seis meses, um ano, dois anos etc.
2. Se a posição exige grandes transformações no futuro próximo, liste quais são elas, quais são os obstáculos mais prováveis que essa pessoa vai enfrentar e que recursos (humanos, físicos, financeiros, tecnológicos) essa pessoa precisará negociar e implantar para atingir os objetivos.
3. Leia com atenção o currículo do candidato, anotando bastante para se lembrar do que cobrir durante a entrevista. Se ele já foi entrevistado antes, leia as anotações que porventura os outros entrevistadores produziram.
4. Divida a entrevista em dois grandes blocos: o Candidato e a Posição. Fale na ordem que quiser, mas, se você não tem muita experiência com entrevistas de recrutamento, talvez prefira começar com Candidato. Dedique no mínimo 30 minutos a cada um.
5. Tente criar um clima em que o candidato fique à vontade (lembre-se de que ele está selecionando sua empresa tanto quanto você o está selecionando). Preste bastante atenção em todos os sinais, verbais ou não, que o candidato transmite, mas evite fazer isso de modo a tornar o candidato desconfortável.
6. Todo candidato tem de ser simultaneamente *puxado* e *empurrado*, ou seja, tente descobrir se, além de se entusiasmar genuinamente

pela posição e por sua empresa, o candidato está verdadeiramente empenhado em sair da empresa em que se encontra. Lembre-se de que, hoje em dia, algumas empresas têm elaborados esquemas de retenção (ações-fantasma, opções de ações) e, quando as pessoas saem dessas empresas, deixam sobre a mesa uma grande soma de dinheiro.

7. Tente dar igual ênfase a *substantivos* e *verbos* (habilidades técnicas e gerenciais) e *adjetivos* e *advérbios* (habilidades interpessoais, motivacionais, intelectuais). Vide o verbete **Competências** para mais informações sobre este tema.
8. Cuidado com candidatos que falam em remuneração logo na primeira entrevista. É provável que eles não tenham interesse algum em trabalhar em sua empresa, e só vieram à entrevista para coletar dados para um pedido de aumento de salário em sua atual empresa.
9. Compartilhe com os outros entrevistadores todas as observações de cada candidato.
10. Lembre-se de que a maior reclamação de todos os candidatos é a falta de comunicação entre entrevistas. Forneça feedback sincero e detalhado sempre que isso for possível. Ligue pelo menos uma vez por semana para todos os candidatos, mesmo que seja para dizer que não tem notícias.

EQUIPE

Jon Katzenbach[34] dedicou boa parte da vida ao estudo de Equipes. Ele diz uma coisa que assim por escrito parece óbvia, mas que, na vida real, a gente vive esquecendo:

---

[34]Katzenbach, Jon R. *Equipes Campeãs: Desenvolvendo o Verdadeiro Potencial de Equipes*. Rio de Janeiro: Campus/Elsevier, 2001, e Katzenbach, Jon R. e Smith, Douglas K. *Equipes de Alta Performance*, Campus, 2002.

*A maneira mais fácil de uma equipe fracassar
é não se concentrar nos resultados.*

Segundo as estatísticas dos autores, esse item sozinho é, de longe, a causa mais comum de fracasso. Depois desse primeiro requisito, uma equipe deve necessariamente ter:

- Um número pequeno de participantes (no máximo 12)
- Habilidades complementares
- Objetivo comum
- Um conjunto comum de metas de desempenho específicas
- Uma abordagem operacional acordada em comum, e
- Os membros da equipe têm de poder contar uns com os outros

Katzenbach distingue *Equipe* de *Grupo* da seguinte maneira: quando um Grupo atinge um ponto de entrosamento mútuo em que a responsabilidade é compartilhada (isto é, o sucesso não é individual, é de todos, e o fracasso também), então ele pode passar a se chamar de *Equipe*.

Segue, por extenso, a definição oficial Katzenbach:

Uma equipe é um conjunto de cinco a 12 pessoas com capacidades complementares, que compartilham um objetivo delineado, são movidas por metas do tipo alcance de resultados (em oposição a metas do tipo realização de atividades), se revezam na liderança, estão convencidas de que a melhor solução para um desafio em particular é o trabalho em conjunto, concordam que os vínculos entre os componentes da equipe decorrem de desempenho passado, e não um fim em si e dividem a responsabilidade (isto é, não existirá coisa do tipo sucesso ou fracasso individual).[35]

Eis, segundo Katzenbach, os cinco maiores mitos sobre equipes:

---

[35] Op. cit., 2002.

- Que o primeiro foco de uma Equipe recém-formada deveria ser buscar uma "química" interpessoal. Isto é uma falácia: uma equipe com um novo desafio à frente deve focalizar nos resultados, e não na química. Se focalizar nos resultados, a química se estabelecerá por si mesma. Claro que ajuda muito se a empresa já tiver uma cultura de foco pronunciado em resultados!
- Que uma equipe recém-formada deve ser pressionada logo de início. O desempenho de qualquer equipe é baixo nos primeiros dias após sua formação, e isso é inevitável. O desempenho aumentará no devido tempo. A equipe está tentando encontrar seu ritmo, e essa parte do processo simplesmente não pode ser apressada.
- Que o chefe da Equipe é o principal determinante de seu sucesso. Isso quase nunca é verdade. Há Equipes, inclusive, que funcionam muito bem sem chefe.
- Que a Diretoria de uma empresa deve ser uma Equipe. Não é verdade. A Diretoria de uma empresa não é necessariamente uma Equipe. E isso não é necessariamente ruim!
- Conforme se disse, a cuidadosa combinação de habilidades é fator de sucesso de uma Equipe. No entanto, certo nível de "*stretch*" (isto é, a inclusão de alguns participantes menos qualificados do que o necessário aos objetivos da Equipe) não só é permitido, como é altamente desejável, pois o tempo gasto por alguns membros no desenvolvimento de outros membros acaba aumentando a coesão da Equipe.

Katzenbach já se deparou com um número muito pequeno de equipes que literalmente ultrapassaram as expectativas mais otimistas, surpreendendo a todos na empresa com níveis de desempenho que ninguém julgava possíveis. Os autores chamam essas equipes de "extraordinárias" e admitem que há algo de mágico nelas. Embora ninguém tenha o poder de fazer surgir uma equipe extraordinária, os autores relacionam as características das equipes que o são.

Kazenbach não fala muito do que se costumava chamar de equipes com "lideranças flutuantes". A questão é mencionada em outro contexto, quando os autores dizem que o líder quase nunca é o determinante do sucesso da equipe, e muita atenção é dada a situações em que o líder conscientemente transfere para o resto da equipe decisões que poderia ter tomado sozinho. Sinto falta, na obra de Katzenbach, de uma descrição mais detalhada desse tipo de equipe porque, entre Trabalhadores do Conhecimento, essa configuração é bastante comum. Isso pode ser um desvio cultural, já que os autores são norte-americanos. Se fossem europeus, provavelmente teriam cuidado melhor dessa configuração.

Muito se tem escrito sobre o poder do Trabalho em Equipe. Com freqüência, a expressão tem sido usada (erroneamente, se aceitarmos a definição) para descrever qualquer reunião de profissionais trabalhando para alcançar algum conjunto de metas. A administração sênior de uma empresa é quase sempre designada coletivamente como uma "equipe" (este mito foi derrubado). Muitos de nós têm lido declarações de missão de empresas que dizem "somos uma empresa que se baseia no trabalho em equipe", sem dizer o que isso quer dizer e por que isso é bom; em outras palavras, a palavra *equipe* está na moda!

Por essa definição, todas as outras reuniões de profissionais devem ser designadas *Grupos*. Isso inclui pessoas trabalhando sob uma relação de trabalho *tradicional*, subordinadas a um chefe, líder único, em que o trabalho é dividido em partes. Assim, se você aceitar a terminologia anterior, a parte de uma força de vendas de uma empresa, responsável por cobrir determinada região, é um *Grupo*.

Segue uma lista de situações típicas do dia-a-dia de uma empresa, em que se deve escolher a configuração *Equipe*, ou a configuração *Tradicional*, isto é, com o chefe dividindo o trabalho em partes, atribuídas a pessoas distintas, que as realizarão individualmente, em sua maior parte:

- Escolha a alternativa *Equipe* se os indivíduos, ao trabalharem sozinhos, não tiverem as respostas, habilidades, experiências e perspectivas necessárias para enfrentar esse desafio específico. Em

particular, se as pessoas tiverem capacidades *complementares*, a opção *Equipe* deve sempre ser a escolhida.
- Ao contrário, se a maioria das pessoas individualmente já tem a maior parte do conhecimento, ou todo o conhecimento necessário, opte pela abordagem *Tradicional*.
- Se a natureza do desafio exige que as pessoas interajam/façam *brainstorm* com freqüência, opte pela *Equipe*.
- Se os resultados precisam ser apresentados em menos de duas semanas, opte pela abordagem *Tradicional*. As equipes precisam de mais tempo do que isso para decolar. A exceção, é claro, é se a Equipe já está organizada e acaba de concluir uma tarefa semelhante.
- Se seu cronograma permite que você se dê ao luxo de desenvolver pessoas no processo, considere a opção *Equipe*, e seu produto final certamente refletirá isso: uma avaliação de desempenho 360 graus desenvolvida por uma equipe interdisciplinar provavelmente é um produto de muito melhor qualidade do que uma criada por um Grupo *Tradicional*.
- Se o desafio está muito próximo do trabalho cotidiano, a opção *Tradicional* é muito menos destrutiva dos laços normais do dia-a-dia do relacionamento das pessoas.
- Se seu desafio envolve uma mudança cultural significativa e/ou lidar com um rompimento tecnológico significativo no mercado, *Equipe* é a solução.
- Se o desafio puder ser subdividido em tarefas previsíveis e recorrentes, opte pela solução *Tradicional*. Idem se houver uma pessoa que conheça tudo que for necessário fazer e esteja pronta ou seja capaz de liderar.

ERRAR

Todos nós sabemos que reduzir erros além de determinado nível baixo (digamos de 1%) pode representar uma quantidade inacreditável de trabalho, cujos resultados, na maioria das vezes, se perdem no erro de arredondamento. Para esse tipo de erro, permita-me dizer que a prioridade não deve ser mais *Cometer Menos Erros*, mas *Cometer Erros Mais Rapidamente*. Quando você pára de mandar as pessoas cometerem menos erros e começa a enfatizar que o objetivo é cometer erros mais rapidamente, duas coisas acontecem, ambas desejáveis:

- Você cria uma cultura de compartilhamento de erros passados, e este é o primeiro passo para que não mais ocorram.
- Enquanto a cultura do *Cometa Menos Erros* tende a inibir a iniciativa, na do *Cometa Erros Mais Rapidamente*, as pessoas logo vão se vangloriar dos erros de que conseguiram se livrar rapidamente.

A aplicação mais óbvia disso é naquelas atividades humanas em que a árvore de decisão tem muitas alternativas nos estágios iniciais, como, por exemplo, em consultoria jurídica, arquitetura, design de produtos e transações financeiras complexas.

É claro que isso não se aplica a operações recém-iniciadas, em que as pessoas ainda estão aprendendo a fazer as coisas. Nesse caso, *Cometa Menos Erros* deve ser a regra. Também não se aplica a atividades em que a política de Defeito Zero é essencial, como no conserto e na manutenção de motores de aeronave.

Eis os Seis Mandamentos de Como Errar Melhor:[36]

1. **A emenda é sempre pior que o soneto:** Uma vez constatado o erro, a melhor ação é primeiro tentar reduzir ao mínimo as reclamações posteriores, e depois lidar direta e construtivamente com as reclamações que você não conseguiu evitar.
2. **Se o erro foi de sua equipe, o erro foi seu:** Assuma imediatamente a total responsabilidade pelos erros de sua equipe. Depois que

---

[36]Pamela Kruger, *Make Smarter Mistakes*, número 11 (dezembro de 2007) da revista *Fast Company*. Se você quer ler o artigo inteiro em inglês, clique em www.fastcompany.com/magazine/11/mistakes.html.

a poeira baixar, resolva o tema com sua equipe, internamente e de portas fechadas. Exatamente porque esse comportamento é tão raro, as pessoas vão se lembrar dele muito tempo depois de se terem esquecido do erro que o gerou.

3. **O fato de ninguém descobrir não o exime:** Muitos erros ficam escondidinhos até que alguém os descubra. Se você suspeita de alguma coisa errada, não espere que alguém descubra para tomar uma providência, tome a iniciativa de perseguir e erradicar o erro imediatamente. Lembre-se de que só não erra quem não faz: seu objetivo não é não errar, é errar menos que seu concorrente.

4. **Aproveite para criar uma situação memorável:** Quando a Toyota lançou o Lexus, e foi obrigada a fazer um *recall* logo em seguida, decidiu transformar uma aparente tragédia num tremendo gancho de marketing, criando uma experiência espetacular para o cliente, procurando cada cliente individualmente, buscando e devolvendo os carros em domicílio etc.

5. **Vale a pena "provocar" alguns erros:** Existem momentos na vida em que você tem a chance de dar uma solução mais completa e duradoura para determinado tema, quando no curto prazo basta um remendo. Um bom indicador de que essa oportunidade chegou é se este será o sexto ou sétimo remendo... Avalie cuidadosamente o custo/benefício de fazer isso. E só prossiga se os benefícios forem muito além do curto prazo. Isso é particularmente verdadeiro se corrigir o erro agora representa uma experiência de aprendizado rica e duradoura para todos os envolvidos.

6. **Mas, às vezes, a melhor solução é um remendo mesmo:** Essa recomendação é o avesso da anterior. Quem sabe o avanço da tecnologia vai rapidamente tornar obsoleta sua solução complexa. Ou na próxima vez que você esbarrar nesse problema terá melhor ferramental para lidar com ele. Ou seu ambiente de trabalho é tão cheio de riscos e surpresas que você precisa escolher suas batalhas, e esta não é uma delas.

ESTRELAS[37]

Quase todos nós já testemunhamos o seguinte: alguém na empresa que teve um desempenho excepcional começa a manifestar um comportamento disruptivo, que pode variar do *excêntrico* ao *abusivo*. Enquanto o "excêntrico" é legal e pode até acrescentar algo de interessante à cultura da empresa, esses comportamentos podem, e freqüentemente o fazem, descambar para o "abusivo" do outro extremo do espectro. Aqueles entre nós que já estiveram na situação constrangedora de ter de refrear o comportamento peculiar de alguns subordinados de destaque sabem que não se trata de uma tarefa fácil.

As empresas com forte orientação para Vendas testemunham muitas dessas situações entre seus representantes de vendas mais produtivos. Algumas delas pagam gratificações generosas a seu pessoal de Vendas e isso acaba se refletindo nos estilos de vida desse pessoal. Logo os egos ficam tão inflados quanto seus bolsos e alguns deles começam a tratar o pessoal administrativo de maneira esnobe.

Se alguém dispõe de um conjunto de habilidades raro, escasso e muito valioso, essa pessoa pode e deve destacar-se da maioria dos mortais. Toda empresa de petróleo que conheço tem uma história para contar sobre o comportamento peculiar de alguns geofísicos muito talentosos, tacitamente aceito por suas habilidades incomuns em descobrir petróleo...

Os bancos de investimento e empresas de prestação de serviços profissionais (escritórios de advocacia, empresas de busca de executivos) reverenciam seus "fazedores de chuva" (isto é, os funcionários que geram muitos negócios) a tal ponto que fazem vista grossa a muitos comportamentos estranhos. Uma vez, estava em visita a um prestigioso escritório de advocacia quando um sócio sênior gritava pelos corredores sobre um

---

[37]A literatura sobre esse assunto é bem escassa. Há um artigo interessante sobre isso intitulado "One for All or One for One? The Trade-off Between Talent and Disruptive Behavior" [Um por todos ou um por um? O compromisso de troca entre talento e comportamento disruptivo] no site da Wharton School http://www.knowledge.wharton.upenn.edu/article.cfm?articleid=1322. No entanto, os leitores que, como eu, não são fãs de futebol americano podem ficar entediados, já que todos os exemplos do artigo vêm desse esporte.

par de vírgulas mal colocadas em um documento que alguém acabara de digitar. Em outra ocasião, um *headhunter* importante de Nova York me convidou para jantar em um restaurante caro e acabou escolhendo o vinho mais caro da carta, pavoneando-se de que a empresa pagaria por ele. Na ocasião, ambas as situações me chocaram em razão de sua imaturidade.

Ambos os personagens acabaram demitidos, e tenho certeza de que ficaram muito surpresos quando isso ocorreu.

A questão é: qual é o limite aceitável de comportamento disruptivo?

A resposta depende do sistema de valores da empresa. O comportamento que se opõe a esse sistema é inaceitável e relegado à categoria do "você é um mau exemplo". Em particular, as empresas com fortes culturas de trabalho em equipe impõem limiares de aceitação muito baixos para comportamentos disruptivos. Elas entendem que o desempenho coletivo é mais importante do que o desempenho individual, dando pouco espaço para os funcionários se expressarem individualmente de forma disruptiva.

FINANÇAS

A menos que você já seja um executivo financeiro, aprenda Finanças e Contabilidade até poder discutir de igual para igual qualquer tema financeiro/contábil, pertinente à sua área, com o pessoal da área financeira. Toda boa escola de gestão tem um curso noturno de Contabilidade e Finanças para Executivos Não-Financeiros. A extinta Merrill Lynch distribuía gratuitamente na década de 1980 um folheto chamado "How to Read a Financial Report". No final da década de 1990, esse folheto virou um arquivo .pdf no site da empresa. Sumiu de todo[38] do site da empresa no início de 2008, alguns meses antes de a própria empresa desaparecer.

FLEX-TIME

Uma das grandes invenções dos últimos tempos. Funciona muito bem se você:

1. É extremamente disciplinado.
2. Tem poucos subordinados.
3. Tem responsabilidades fora do trabalho (é maratonista, triatleta, é ativo em sua igreja, tem crianças pequenas, pais idosos etc.).
4. Está preparado para ajudar seu chefe a lidar com você.
5. Está preparado para ajudar sua família a lidar com você.
6. Está pronto para fazer um período de experiência de 60-90 dias, com reflexão honesta ao final.
7. Sua função exige trabalho solitário pelo menos um terço do tempo.
8. Seu prestígio e reputação dentro da empresa, e com os clientes, já estão firmemente sedimentados.

---

[38]Recentemente, comprei um usado, safra 1986, na Amazon.com, por US$11.

GOVERNANÇA CORPORATIVA[39]

Governança corporativa é o sistema pelo qual as empresas são dirigidas e monitoradas. Isso envolve os relacionamentos entre acionistas/cotistas, conselho de administração, diretoria, auditoria independente e conselho fiscal. Uma boa Governança Corporativa visa maximizar o valor de mercado da empresa, facilitar seu acesso a capital e contribuir para sua perenidade. Numa primeira aproximação, a forma de Governança Corporativa de uma empresa depende de o controle acionário da empresa ser

- *pulverizado* entre muitos acionistas, que são muito distantes do dia-a-dia da empresa (isso prevalece nos Estados Unidos e no Reino Unido);

ou

- *concentrado* em poucos acionistas, que são presentes e atuantes no dia-a-dia da empresa (isso prevalece no Brasil, no Japão e, até certo ponto, na Europa continental).

Governança Corporativa é um tema importantíssimo no mundo moderno. Um país só será considerado economicamente desenvolvido se tiver muitas empresas com Governança Corporativa de boa qualidade.[40]

GROUPTHINK

Existe um Estudo de Caso que é clássico nos cursos de MBA chamado "O Paradoxo de Abilene". Nele, um grupo de pessoas concorda em

---

[39]Para saber mais sobre o assunto, vá ao site do Instituto Brasileiro de Governança Corporativa, www.ibgc.org.br.
[40]A Organização de Cooperação para o Desenvolvimento Econômico (OECD em inglês) tem um Manual de Princípios de Governança Corporativa em inglês gratuito com 69 páginas. Para acessar, clique no http://www.oecd.org/dataoecd/32/18/31557724.pdf

ir a Abilene, no Texas, um lugar aparentemente sem grandes atrativos. Cada pessoa odeia cada minuto da viagem e, na volta, percebe que: 1) desde o princípio, ninguém realmente queria ir para Abilene, mas 2) ninguém quis ser a opinião discordante, pensando que os demais estavam de acordo.

Bem-vindo ao Pensamento Grupal (*Groupthink*). Se o termo soar como algo imaginado por George Orwell, era essa a intenção. O termo foi cunhado pelo psicólogo Irving Janis em 1972. A definição original era "um modo de pensar no qual as pessoas se engajam quando estão profundamente envolvidas em um grupo interno coeso, quando a luta de seus membros para alcançar a unanimidade suplanta sua motivação para avaliar ações alternativas de forma realista".[41]

Victoria Medvec, da Faculdade de Administração Kellogg, isolou outro caso de Pensamento Grupal.[42] A pesquisa dela mostrou que, quando as pessoas se sentam para discutir algo, há uma tendência para buscar confirmação do que todos já sabem. Para evitar isso, ela sugere que os participantes, antes da reunião, escrevam o que sentem em relação às questões em pauta e o quanto essas questões são importantes para eles (numa escala de 1 a 10). Dessa maneira, os participantes terão uma maneira de, depois da reunião, medir o quanto suas idéias foram influenciadas pelas dos outros.

Conforme você pode observar, gerenciar um *consenso aparente* pode ser muito mais difícil do que uma *discordância explícita*!

O problema é que qualquer técnica criada para extrair todos os pontos de vista de um grupo está fadada, depois de algum tempo, a deixar o grupo completamente desfocado, atolado em alternativas demais. E isso é quase tão ruim quanto o Pensamento Grupal!

Permita-me propor um método que pode evitar ambas as síndromes, e consiste em duas fases consecutivas. A pausa entre a primeira e a segunda é uma transição cuidadosamente medida, indo do geral

---

[41]Clique em http://en.wikipedia.org/wiki/Groupthink para ver o verbete completo da Wikipedia.
[42]"A Survey of the Company", *The Economist*, 21-27 de janeiro de 2006.

para o particular. O funcionamento de uma lente zoom em uma máquina fotográfica pode ser uma metáfora poderosa para o que quero propor.

Suponhamos que você seja responsável por uma equipe, precise saber os pontos de vista de cada um sobre determinado assunto e seja essencial para o sucesso do seu projeto que: 1) todos esses pontos de vista sejam ventilados da maneira mais completa possível, 2) a partir de determinado momento, sua equipe precise apresentar uma posição única para o resto do mundo. Isso significa que você deve primeiro erradicar todos os efeitos do Pensamento Grupal e depois obstinadamente perseguir o consenso. Como fazer isso?

Sugiro o seguinte:

1. Em primeiro lugar, a mensagem de convocação para essa reunião deve transmitir esta mensagem claramente: diga a todos que 1a) todos os pontos de vista devem vir à tona e que eles devem vir para a reunião com seus detectores de Pensamento Grupal ligados em sua máxima sensibilidade, mas que, 1b) depois que isso ocorrer, todos os meios (democráticos, de preferência) serão empregados, para que, em última instância, apenas uma ação seja escolhida.
2. Peça que todos os participantes da reunião preparem um documento de no máximo uma página, declarando com clareza seu ponto de vista individual, incluindo o quanto essa questão é importante para eles, numa escala de 1 a 10, a ser lido no início da reunião. Se eles quiserem conversar entre si antes da reunião, você não deve interferir (normalmente, são os mais políticos entre eles querendo se posicionar previamente).
3. Comece a reunião anunciando que você definiu um prazo para todos os pontos de vista serem mencionados. Esse prazo pode variar de 45 minutos a dois dias, dependendo do número de posições a serem apresentadas e de sua complexidade. Vamos chamar isso de fase *criativa*. Falaremos mais a respeito desse estágio importante no final deste verbete.

4. Quando o prazo se esgotar e todos já tiverem falado, anuncie que, daí em diante, a equipe se concentrará em buscar o consenso. Vamos nos referir a esse estágio como a fase *focada*. Passe alguns minutos agrupando as propostas semelhantes, ao final dos quais se chegará a três ou quatro grupos que chamarei aqui de "*Escolas de Pensamento*".
5. Designe uma pessoa para dirigir cada Escola de Pensamento. O ideal é que seja uma pessoa cuja posição pessoal no início da reunião esteja mais intimamente identificada com a escola de pensamento que lhe seja atribuída.
6. Determine um prazo após o qual uma e apenas uma solução de consenso seja identificada e apoiada por todos os membros da equipe, depois deixe cada porta-voz tentar convencer os outros da superioridade de sua solução. Isso pode levar de alguns poucos minutos até alguns dias, dependendo: 6a) da complexidade da questão, 6b) da necessidade de reunir mais dados, 6c) das habilidades de persuasão dos porta-vozes e 6d) da quantidade de tempo de fermentação permitida em seu ambiente cultural específico. Leia mais sobre essa última questão no final deste verbete.
7. Uma vez feito isso, comunique a posição final oficial da equipe ao restante da empresa.

Quais são as intenções desse roteiro?

A) Você se certificar de que todos os pontos de vista foram expressos, sem os efeitos deletérios do Pensamento Grupal, mas
B) Que sua equipe não se apresente indecisa ou vacilante ao mundo exterior e por isso toda a discussão precisa ser afunilada no final em uma posição coletiva única.

Para ser bem-sucedido, é fundamental saber migrar na hora certa da fase *criativa* para a fase *focada* (esteja preparado para tropeçar neste ponto, nas primeiras duas ou três vezes).

Que obstáculo será mais provável você encontrar ao agir dessa forma?

Dito de maneira simples, a *resistência* da equipe em estreitar todas as Escolas de Pensamento em uma única *solução de consenso*. A maior parte da resistência se deve a pessoas que sentem que não tiveram a oportunidade de apresentar seus pontos de vista,[43] então, paradoxalmente, quanto mais tempo você gastar no item 3 anterior, menos tempo gastará no item 6.

Para concluir, releia o item 6d, tendo em mente que há uma diferença entre resistência *real* e resistência *aparente*. Em algumas culturas, a aceitação precoce de novas idéias é vista com desconfiança e espera-se que as pessoas se sentem e cocem a cabeça por um tempo insuportavelmente longo antes de dizerem/fazerem alguma coisa. Então, ao levar em consideração o quão essencial é passar elegantemente da fase criativa para a focada, considere as limitações específicas de sua cultura ao definir um prazo para o grupo chegar a uma posição coletiva única.

GRUPO

Vide **Equipe**.

GRUPOS INVOLUNTÁRIOS

A literatura está repleta de conselhos excelentes sobre como lidar com grupos voluntários. Afinal, a maioria dos grupos dos quais fazemos parte durante a vida é voluntária. Você entra num clube, num círculo de leitura e até no Alcoólicos Anônimos, voluntariamente. Até a terapia de grupo, por mais que a idéia de fazê-la o desgoste, é, em última instância, voluntária.

O problema é que, em um ambiente profissional, fazer parte de um grupo ou de uma equipe raramente é uma escolha voluntária. Quase

---

[43]Rick Maurer, *Beyond the Wall of Resistance: Unconventional Strategies that Build Support for Change*. Austin: Bard Press, 1996.

sempre somos convocados, educadamente ou não, a participar de um desses grupos, devido a nossas habilidades "singulares". É claro que os gerentes, sempre que possível, envidam todos os esforços para tornar voluntária a participação em grupos de trabalho, pelo menos para alguns participantes, mas o que quero dizer é que *o número dos membros não-voluntários normalmente passa da metade em todos os grupos/equipes de trabalho em empresas.* E isso tende a aumentar, nesses tempos de estruturas enxutas, em que o "banco de reservas" das empresas é escasso ou inexistente.

A maior parte da literatura sobre **Grupos** e **Equipes** tem sido escrita por psicólogos, que naturalmente supõem que os participantes estão lá de livre e espontânea vontade. Até mesmo o observador mais desinformado concordará comigo que um membro involuntário de um grupo/equipe pode comportar-se de maneira bem diferente em relação a um membro voluntário.

A conclusão é clara: gerentes, consultores e *coaches* que lidam com dinâmica de grupo dentro das empresas estão prejudicados pela escassa literatura disponível.

E apelar para o (significativo) *corpus* de conhecimento dos psicólogos é uma medida a ser tomada com precaução, pois eles, pela própria natureza de sua atuação, se atêm pouco na distinção entre participação voluntária e involuntária. Por isso esse tipo de literatura soa freqüentemente estranho quando transplantado para o ambiente empresarial!

HEADHUNTERS

Vide também o verbete **Consultor**.

Headhunters são profissionais de recrutamento de executivos. Trata-se de uma profissão que mudou drasticamente nos últimos 10 anos e, infelizmente, boa parte dos profissionais do ramo não se deu conta disso.

Desenvolva um relacionamento com um ou dois *headhunters* que você respeite profissionalmente. Lembre-se de que seus clientes são pessoas jurídicas, o que significa que você não deve ficar zangado se um *headhunter* não tem grande pressa em recebê-lo em seu escritório: a menos que ele tenha à sua frente uma busca em que você seja potencial encaixe, é improvável que ele queira conversar com você pessoalmente no futuro próximo. Adicione a isso a crescente relutância entre *headhunters* de fazer entrevistas-cortesia (um termo arrogante, segundo minha opinião), por ser um tempo que, no entender deles, é difícil de converter em dinheiro no curto prazo, uma tendência que eu não compartilho nem aprovo.

No mais, você deve entender em detalhes como é seu processo de trabalho: afinal, um dia você vai precisar contratá-los para buscar executivos para você, se é que já não o fez. Depois de desenvolver um relacionamento com um deles, peça para "visitar a cozinha", e passe uma hora lá dentro entendendo como funciona.

Há uma tendência de comoditização na profissão (no verbete **Consultor** explico melhor o significado do termo), o que faz sentido econômico para certas posições na média gerência, cuja descrição de cargo seja essencialmente padronizada. Por exemplo, é quase certo que um bom Tesoureiro numa empresa de bens de capital se sairá muito bem em outra empresa do mesmo ramo.

HISTÓRIAS

Quando somos crianças, divertimo-nos muito ouvindo histórias. As crianças passam horas escutando sobre príncipes resgatando donzelas em perigo, fadas interferindo na última hora para que tudo acabe bem, batalhas épicas e vitórias gloriosas. Histórias acendem nossa imaginação.

Então, nós crescemos e vamos trabalhar numa corporação. Somos adestrados para o pragmatismo e o custo/benefício. Entramos no mundo do racional.

Mas quantos de nós nos lembramos da tela 72 do PowerPoint da apresentação a que assistimos semana passada? E quantos de nós nos sentimos realmente motivados para partir para a ação, tangidos por uma apresentação PowerPoint?

Mas todo mundo se lembra daquela palestra chatíssima em que o apresentador, depois de pôr para dormir boa parte de uma platéia de 400 pessoas, acorda-os simultaneamente com a simples frase: "Vou contar uma história para vocês."

Grandes líderes são, com freqüência, grandes contadores de histórias. Não me consta que John Kennedy, George Washington, Winston Churchill, Martin Luther King ou Gandhi tenham usado apresentações em PowerPoint para inspirar e guiar seus seguidores.

É claro que não: eles contaram histórias!

Histórias geram poder. Histórias fazem com que as pessoas usem sua imaginação. Histórias ensinam. Histórias curam. Histórias enchem o coração da platéia. Histórias podem aumentar a eficácia individual e da empresa.

As pessoas não pensam em tópicos PowerPoint;[44] elas pensam em histórias.

---

[44] Edward R. Tufte, *The CognitiveStyle of PowerPoint*, Cheshire, Connecticut: Graphics Press, 2003. Essa monografia de 27 páginas (que você pode comprar no www.edwardtufte.com) é uma crítica feroz ao PowerPoint como ferramenta de convencimento.

Como você pode usar histórias em sua empresa? As histórias podem comunicar mensagens complexas de forma simples. As histórias podem trazer uma visão do amanhã para a vida de hoje. As histórias podem ser usadas para comemorar o sucesso. As histórias podem reverenciar a tradição. As histórias têm o poder de catapultar seu negócio para novos níveis de crescimento e sucesso.

Desenvolva a habilidade de contar histórias: antes de cada apresentação, ensaie pelo menos uma história que represente eloqüentemente a idéia que você quer passar para a platéia. Interrompa brevemente suas apresentações para ilustrar um ponto com uma história. E, de cada três livros que você ler, um deve ser de ficção.

INOVAÇÃO

Impossível falar sobre Inovação sem falar sobre o professor Clayton Christensen, da Harvard Business School. Seu livro *O Dilema da Inovação* (Makron) tornou-se uma referência padrão sobre Inovação e sobre como todos os ramos de atividades podem ficar desestabilizados por causa dela. A seqüência, *O Crescimento pela Inovação* (Campus/Elsevier), descreve como é possível provocar as mudanças e depois tentar se manter no comando delas.

Mas aqui quero focalizar em seu mais recente livro, *O Futuro da Inovação*.[45]

Os dois livros anteriores apresentaram um arcabouço teórico para descrever a Inovação, segundo o qual esta ocorre de uma das três seguintes maneiras:

1. Inovação Revolucionária, que é necessariamente disruptiva.
2A. Inovação Evolutiva que surge através de melhorias nos Recursos, Processos e Valores de uma empresa.
2B. Inovação Evolutiva gerada por mudanças na cadeia de valor de uma empresa.

Esse livro inverte o processo dos dois anteriores, usando esse arcabouço teórico para *prever* Inovação futura.

Ao se examinar determinado setor em busca de sinais de Inovação iminente, deve-se prestar particular atenção a:

- *Não-consumidores*, isto é, consumidores completamente ignorados pelos produtos/serviços atualmente disponíveis.
- *Consumidores "overshot"*, isto é, clientes insatisfeitos, porque, por falta de alternativas mais simples, são obrigados a pagar por produtos com recursos de que não precisam nem valorizam.

[45] Clayton Christensen, Erik Roth e Scott Anthony, *O Futuro da Inovação*. Campus/Elsevier, 2007.

- *Consumidores "undershot"*, isto é, clientes insatisfeitos porque os produtos disponíveis no mercado são simples demais para suas necessidades.
- *Forças extramercado*: entidades regulatórias e fiscalizadoras que fomentem, ou impeçam, a inovação, seja propositadamente, seja por acaso.

Os autores propõem uma terminologia útil:

- A inovação é *Disruptiva* quando vira o mercado totalmente de cabeça para baixo e daí surge um produto/mercado completamente novo (exemplo: o iPod).
- Ocorre *Deslocamento* quando alguma empresa reposiciona seu produto/serviço, de forma a atender adequadamente consumidores que estavam até então insatisfeitos (isto serve tanto para *overshot* como para *undershot*).
- Produtos são *Integrados* quando todas as partes se ajustam para formar um todo de alto desempenho.
- O contrário de Integrado é *Modularizado*. Produtos modularizados não têm o mesmo bom desempenho, mas são bem mais baratos, e módulos diferentes podem ser fabricados por diferentes fornecedores. A Modularização, uma vez instalada, inicia uma trajetória inexorável rumo à *Comoditização*.
- *Abarrotamento* (*"cramming"*) é o que algumas empresas fazem quando sua hegemonia é ameaçada por uma ameaça disruptiva importante: elas tentam forçar tecnologia nova no produto antigo.
- A criação de *Padrões* em determinado ramo de atividade: empresas concorrentes entre si se reúnem e estabelecem padrões comuns (Exemplo: Bluetooth). As empresas que até então tinham grandes margens de lucro com seus produtos Integrados aceitarão a contragosto os Padrões como uma evolução natural. Com freqüência, a criação de padrões deflagra uma onda de Modularização alguns meses à frente.

Primeiro, os autores apresentam o processo analítico proposto:

1. Em determinado ramo de atividades, fique atento a sinais de mudança que surgem quando alguém está tentando atingir os insatisfeitos, seja não-consumidores, consumidores *overshot* ou consumidores *undershot*.
2. Avalie batalhas concorrenciais em curso ou prestes a acontecer.
3. Observe as opções estratégicas (ou suas manifestações públicas) de cada empresa para avaliar de que forma cada empresa ultrapassará a fase disruptiva.

Em seguida, os autores apresentam Casos, nos ramos de educação, saúde, aviação e telecomunicações. Quatro mensagens importantes do livro:

1. A disrupção é um processo, não um evento.
2. A disrupção é relativa. O que é disruptivo para uma empresa pode ser coisa trivial para outra.
3. Tecnologia diferente ou radical não é necessariamente disruptiva. Na verdade,
4. A disrupção não está limitada a mercados de alta tecnologia. A disrupção pode acontecer em qualquer lugar e pode até mesmo explicar alguns aspectos da concorrência entre nações.

Agora, vamos ao que não gostei:

- Quando menciona coisas *disruptivas*, há uma racionalidade por todo o texto que não me soa correta. Todos nós já passamos por mudanças disruptivas e o clima é tudo, menos racional!
- A parte (Capítulo 3) que trata da decodificação e da interpretação de sinais emitidos pela concorrência é rústica, comparada com o extremo capricho técnico do resto do livro.

- Embora os autores façam um trabalho maravilhoso de descrição de todos os tipos de inovação, pouco se fala sobre como geri-la (isto é, como adaptar, persuadir para que aconteça, e nutrir essa inovação) para obter os melhores resultados. Suspeito que isto foi deixado de lado de propósito, para ser o objeto do próximo livro do professor Christensen!

Numa entrevista para a revista inglesa *The Economist*, o professor Christensen disse que "as empresas são altamente inovadoras nos itens técnicos, mas a maioria parece totalmente incapaz de inovar em seu modelo de negócios".[46]

Talvez esta, sim, deva ser a próxima fronteira da Inovação!

---

[46] *The Economist*, 7 de fevereiro de 2005.

JULGAMENTO

É a habilidade de se tomarem decisões com informação insuficiente e até muitas vezes contraditória. Um Julgamento elevado é requisito fundamental em posições com pouca supervisão e/ou que exijam decisões rápidas. O nível de Julgamento de um executivo jovem é quesito eliminatório em qualquer processo de identificação de Executivos de Alto Potencial.

Como todos os temas de Inteligência Emocional, Julgamento é uma habilidade que pode ser desenvolvida via treinamento e/ou coaching. Se você já fez uma avaliação MBTI (vide o verbete **Testes**) e a última letra do seu Tipo é J, é possível que seu julgamento já seja bastante desenvolvido.

LÍDER

Afinal, o que significa ser um líder? Eis a seguir uma lista do que um líder deve saber fazer bem. Essa lista inspira-se no livro de Mary Beth O'Neill,[47] mas foi posteriormente bastante modificada por mim e por meu amigo Mark Nevins:

- **Pensamento estratégico**
Percebe as forças externas que moldam o futuro da empresa. É capaz de lidar com diferentes previsões de longo prazo e fomentar o projeto, a implementação e a constante evolução de uma empresa com flexibilidade inerente bastante para lidar com elas.

- **Relações com clientes**
O líder tem uma capacidade fantástica de se relacionar com os clientes. Não os perde de vista durante o processo de formulação estratégica, coloca-se em seu lugar, entende suas necessidades, insere com êxito esse conhecimento na equação de lucro da empresa e prevê tendências futuras em seus desejos e necessidades. Impulsiona sempre a empresa a ter uma proposta de valor para cada cliente.

- **Visão**
Tem a capacidade de perceber o rumo que a empresa deve tomar para maximizar os ganhos do acionista, bem como de "vender" sua visão a terceiros de forma a inspirá-los e estimulá-los. Apresenta ativa e consistentemente essa visão a platéias fora da empresa, inclusive, mas sem limitação, feiras de negócios, câmaras de comércio e comunidades locais.
Tem uma percepção excelente de si próprio e de seus limites de aprendizagem e de comunicação, e não deixa a adrenalina tomar conta de si em momentos estressantes. Tem um alto nível de inteligência emocional: tem consciência de que a maior parte de seu comportamento

---

[47]Mary Beth O'Neill, *Executive Coaching with Backbone and Heart: A Systems Approach to Engaging Leaders with Their Challenges*. John Wiley, 2007.

é simbólica; sabe que seu humor pode afetar profundamente o desempenho organizacional. Pratica e prega o aprendizado contínuo.

- **Gerenciamento de projetos**

Tem a capacidade de separar em projetos as tarefas que a empresa precisa desempenhar, organiza uma Equipe para cada projeto, estimula essas equipes dando objetivos claros e assumindo uma postura que gere Resultados.

- **Facilitação**

Tem a capacidade de identificar, escutar atentamente e responder por cada um dos investidores na empresa. Dentro da empresa, identifica as diferentes "escolas de pensamento" e consegue orquestrá-las para maximizar valor para o acionista.

Facilita o fluxo de informações, dentro e fora da empresa e dentro e fora das reuniões.

Tem a capacidade de identificar e romper com hábitos de comunicação ruins dentro da empresa.

- **Mudança**

É capaz de identificar as Mudanças necessárias não só para permanecer competitivo, como também para maximizar o valor para o acionista. É capaz de identificar, em cada Mudança, quem são os protagonistas principais e investi-los de poderes adequados: Patrocinadores, Implantadores, Agentes de Mudança e Patronos. Estimula ativamente os Agentes de Mudança.

- **Tomada de decisão**

Está ciente das opções e dos possíveis resultados de cada opção. Sabe a quantidade de informação suficiente para tomar uma decisão. Sabe a diferença entre "cedo demais" e "tarde demais", ao fazer com que uma decisão seja tomada. Explica pacientemente todas essas variáveis a todos os envolvidos. Sabe qual dos quatro métodos de decisão adotar para tomar cada decisão (decidir sozinho, decidir após consulta, voto e consenso).

- **Negociação**

Maximiza valor para o acionista, negociando em nome da empresa com governo, sindicatos, bancos, investidores, contrapartes em Fusões e Aquisições, e platéias relacionadas à obtenção de recursos.

- **Coach**

Estimula a liderança, dá feedback, desenvolve outras pessoas. Ajuda pessoas e equipes a alcançarem níveis de desempenho inimagináveis.

- **Gestão do desempenho**

Cria, facilita, aconselha, implementa e desenvolve a ética de desempenho na empresa. Recompensa o bom desempenho individual, de grupos e da empresa como um todo, que seja equilibrado e resulte de um trabalho sólido. Está ciente de que muito trabalho de valor é realizado além da descrição das funções oficiais do cargo (isso inclui, mas não está limitado a, Agentes de Mudança). Está sempre atento ao fato de que não existe sistema perfeito de avaliação de desempenho.

- **Exercício da autoridade/transparência/defensoria**

Cria um rico canal de comunicações com o Conselho de Administração e os acionistas. Certifica-se de que todas as propostas apresentadas ao Conselho estejam expressas em termos de valor para o acionista. Procura e tem prazer em ser desafiado pelo Conselho. Assegura a publicação de informações transparentes pela empresa. Cria uma cultura dentro da empresa, segundo a qual qualquer um pode ser seu porta-voz. Expressa o entendimento de, e o comprometimento com, metas organizacionais mais amplas.

- **Gerenciamento de talentos**

Identifica, entrevista, contrata, acompanha como *coach* e motiva talentos superiores, isto é, gente nível "A". Protege e promove ativamente os Agentes de Mudança. Identifica e erradica todos os sinais de toxicidade da cultura empresarial, inclusive, mas sem limitação, o apoio dissimulado ao *Workaholismo*. Idealiza e implementa maneiras humanas de lidar com gente nível "C".

- **Sistemas**

Percebe a empresa como resultado da interação de diferentes sistemas, humanos e inanimados. Identifica interfaces entre diferentes sistemas. Tenta descobrir ativamente, e erradica, todas as "desconexões" entre os sistemas. Percebe que alguns desses sistemas vão além da porta de entrada da empresa, atingindo até clientes, fornecedores, principais acionistas e parceiros em alianças estratégicas. Percebe que esses sistemas nunca funcionarão de forma ótima, mas que podem e devem ser postos para funcionar "bem o bastante". Entende o que significa "bem o bastante".

LÍNGUAS

Minha posição sobre esse tema é inequívoca: aprenda inglês. Se possível, aprenda também uma terceira língua, mas inglês, nestes tempos de Internet, é fundamental. Se faz tempo que você tentou e não conseguiu, lembro que hoje em dia existem técnicas novas de ensinar segundas/terceiras línguas. E, para os casos extremos, os métodos ditos de "imersão total" que ensinam uma língua em questão de dias funcionam, embora naturalmente sem a profundidade que o aprendizado de médio/longo prazo proporciona. E incentive seu cônjuge a aprender também inglês e possivelmente uma terceira língua. Já vi muitas carreiras promissoras prejudicadas porque a esposa do executivo, ou o marido da executiva, não falava inglês.

MENTOR

Ulisses, antes de partir em sua longa jornada, e não confiando que sua esposa Penélope o faria, decidiu confiar a seu amigo Mentor a supervisão do desenvolvimento de seu filho Telêmaco.

Se você acaba de chegar à empresa, ou se acaba de ser promovido, ou se sua empresa o considera um executivo jovem de alto potencial, é provável que um Mentor o ajude muito a atingir seus objetivos. Se sua empresa não tem um programa formal de mentores, crie um só para você. E se você não encontrar ninguém à sua volta que preencha os requisitos a seguir, busque um mentor fora da empresa, quem sabe um executivo que tenha trabalhado lá no passado.

Quais são os papéis de um mentor?

- *Oráculo*: O mentor deve ser o mais imparcial possível ao dar conselhos ao mentoreado sobre como se adequar ou se antecipar à empresa.
- *Patrocinador*: O mentor deve dar certo apoio e proteção política para as iniciativas mais audaciosas do mentoreado. Observe que esse papel implica muito menos imparcialidade do que o papel anterior.
- *Apoio estratégico*: Aqui o mentor deve ser capaz de fornecer ao mentoreado não só uma *fotografia*, mas também um *filme* de como sua carreira pode/deve progredir dentro da empresa. Enquanto os dois papéis citados anteriormente são *essenciais*, este é opcional, não por ser menos importante, mas por ser tão difícil de achar!

Qual é a melhor maneira de se combinarem mentores e mentoreados?

- Já vi toda espécie de complexidade na realização dessa tarefa, mas as empresas que fizeram coisas muito elaboradas não parecem ter sido mais bem-sucedidas. Assim, minha sugestão é pedir que os mentores se apresentem como voluntários, anunciá-los para a empresa e deixar que os mentoreados os escolham. A cada três/seis meses, peça-lhes que renovem seu acordo de mentoramento com esse mentor, ou escolham um novo mentor.

- Em que pese o que foi dito, as empresas que estão fazendo isso pela primeira vez talvez achem mais fácil escolher alguns funcionários mais antigos, com conhecimento suficiente da empresa e habilidades interpessoais para serem mentores eficazes, depois combinar cada um com um ou dois mentoreados, e deixar que estes troquem de mentor seis meses depois.
- Deve ser um procedimento fácil e direto para um mentoreado requisitar uma troca de mentor, e não deve haver estigma algum atrelado a qualquer das partes, se isso acontecer. Uma solução parcial é permitir que o mentoreado troque de mentor a cada três/seis meses. Algumas empresas *obrigam* a troca de mentor uma vez ao ano, mas estão prontas para abrir exceções para aqueles pares mentor-mentoreado que queiram muito continuar juntos.
- É muito importante que o mentor não esteja na linha de reporte do mentoreado. Entendo que isso nem sempre é possível. Esta é também uma ótima oportunidade de os mentoreados ganharem visibilidade em outras áreas da empresa, e isso pode ser uma verdadeira bênção para alguns jovens de grande potencial que tenham grande vontade de entender como a empresa funciona além de seu ambiente imediato.
- A combinação mentor-mentoreado terá dado certo quando o mentoreado se sentir à vontade para dizer a seu mentor o que não diria ao próprio chefe, como, por exemplo, "Eu acho que ganho pouco".

Qual é o tempo mínimo que o mentor deve passar com o mentoreado?

- Os programas empresariais mais bem-sucedido especificam uma reunião obrigatória de uma hora, uma vez por mês, e enfatizam que ambas as partes façam um acordo de pedra e cal, uma coisa fácil de marcar de forma repetitiva no Outlook, do tipo "três da tarde na terceira quinta-feira de todo mês". Todo o tempo adicional que mentores e mentoreados passam um com o outro, incluindo café-da-manhã, almoço, trocas de e-mails e telefonemas, é bem-vindo, mas fica inteiramente a critério das partes.

Qual é a quantidade ideal de papelada envolvida?

- Que tudo seja o mais simples possível. A empresa Ryder Truck Leasing especifica três documentos de uma página cada: um Acordo de Mentoramento, válido por um ano, e folhas de avaliação para mentor e mentoreado, a serem preenchidas e entregues no RH, a cada três meses.

O que acontece durante uma sessão de mentoramento?

- As sessões de mentoramento que não focalizam Resultados podem facilmente descambar para a psicologia de botequim. Sugiro, pelo menos, que o mentor pergunte e obtenha respostas coerentes a quatro perguntas (inspiradas no livro *Resultados*):[48]
    - Você tem poder para decidir sobre as questões que surgem em seu dia-a-dia? Caso contrário, como a empresa deveria investi-lo de níveis adequados de delegação de autoridade?

---

[48]Nielson e Pasternack, op. cit.

- Você recebe informações suficientes para saber se seu trabalho está se desenvolvendo como esperado, e para instruir as decisões que toma?
- A estrutura da empresa ajuda ou atrapalha o desempenho de seu trabalho?
- Você sente que seu trabalho é reconhecido e recompensado adequadamente?
- Para os poucos mentores que queiram assumir o Papel nº 3 (Estratégico), há uma grande quantidade de perguntas a serem apresentadas ao mentoreado, além da óbvia "O que você se vê fazendo daqui a cinco anos?". Eis algumas sugestões:
    - Entre os possíveis caminhos profissionais (Linear, Espiral, Especialista e Transitório), qual é o mais provável que você trilhe nos próximos cinco anos?
    - Quais são os obstáculos principais para seu desenvolvimento profissional continuado? Que soluções você sugere para cada um deles?

Quais são os principais ganhos para o mentoreado?

- Alcançar um entendimento mais profundo da cultura da empresa, em particular suas restrições e possibilidades.
- Conseguir discutir discretamente seus temas individuais antes que causem dano.
- Idealmente, entender melhor seu potencial de carreira na empresa.

Quais os principais benefícios para uma empresa que lança um programa de mentoramento?

- Tornar menos íngreme a curva de aprendizado para executivos mais jovens e/ou recém-contratados/promovidos e/ou executivos de grande potencial.
- Tornar mais transparente a cultura da empresa.
- Aumentar a retenção de pessoas-chave.
- Permitir lidar discretamente com problemas individuais que os executivos enfrentam antes que causem danos maiores a si mesmos e/ou à empresa.

Quais os principais ganhos para o mentor?

- Enriquecer as próprias habilidades interpessoais, principalmente a escuta ativa e o fornecimento de orientação individual.
- Ver a empresa através dos olhos de outra pessoa e, principalmente, obter uma consciência mais aguçada das deficiências estruturais/culturais da empresa.

Quais as principais diferenças de papéis entre um mentor e um coach?

Há muitas semelhanças e algumas diferenças significativas entre ambos:

Mentor	Coach
A capacidade de trazer uma perspectiva estratégica para a carreira futura da pessoa é desejável, mas não obrigatória.	A capacidade de explorar diferentes cenários futuros é central entre as responsabilidades do coach.
Papel de oráculo: Aconselha, quando solicitado a fazê-lo pelo mentoreado.	Nunca aconselha, mas investiga, de forma a provocar no cliente a identificação de alternativas.
Muito familiarizado com o ambiente e a cultura da empresa. É capaz de descrever e decodificar isso para o mentoreado.	Pode aprender sobre a cultura da empresa, desde que isso seja relevante para ajudar o cliente a fazer escolhas.
Parcial em relação à empresa, devido ao papel de *retenção*.	Parcial em relação ao cliente; o objetivo do coach é ajudar o cliente a levar uma vida *deliberada*.
Ajuda o mentoreado a lidar com questões de equilíbrio entre trabalho e vida pessoal, descrevendo as mensagens positivas e negativas que a cultura empresarial possa transmitir a esse respeito.	Ajuda o cliente a lidar com questões de equilíbrio entre trabalho e vida pessoal do ponto de vista do cliente.
Ajuda o mentoreado a elaborar uma lista de objetivos de desenvolvimento, depois apóia seu alcance.	Ajuda o cliente a desenvolver uma lista de objetivos de desenvolvimento, depois faz o coaching para que os alcance.
Papel de patrocinador: apoiará o mentoreado em alguns de seus projetos, até mesmo dando ao mentoreado certo grau de proteção política.	A ética profissional impede qualquer envolvimento do coach com a política interna da empresa.
Ajuda o mentoreado a identificar seus limites no desenvolvimento de carreira, e pode até ajudá-lo a ultrapassá-los com base na experiência do próprio mentor.	Ajuda o cliente a identificar seus limites no desenvolvimento da carreira, depois o orienta em sua superação, desenvolvendo novas habilidades. O coach não fundamenta o processo com a própria experiência.

MUDANÇA, RESISTÊNCIA À

Trabalhar com a Resistência, e não contra ela, é mais fácil e mais produtivo.

A analogia com o aiquidô, a arte marcial oriental, é inevitável, embora no passado recente eu tenha feito um esforço honesto para erradicar de meu discurso metáforas inspiradas na violência. O aiquidô recomenda que se canalize o impulso do oponente de volta para ele, em vez de se contrapor à força. A idéia, diz Maurer,[49] é *Abrace a Resistência* enquanto *Mantém o Foco*.

A Resistência é, em última instância, uma forma de energia (e uma sala cheia de gente zangada tem muita energia!). Assim, o objetivo é aprender a redirecionar essa energia para a Mudança. Só o fato de escutar os Resistentes com atenção e respeito já pode dissipar uma parte da energia e redirecionar o resto. Em muitos casos, era só isso que eles queriam desde o início!

A Resistência se manifesta de muitas maneiras:

- Confusão
- Críticas imediatas
- Críticas diretas
- Negação
- Concordância mal-intencionada
- Sabotagem
- Anuência fácil
- Desvio
- Silêncio

---

[49] Rick Maurer, op. cit.

E as formas usuais de lidar com Resistência são:

- Força bruta
- Manipulação
- Fazer acordos
- Fingir amizade
- Afogá-los em dados
- Ignorar
- Matar o mensageiro
- Desistir cedo demais

A prescrição para a implementação da Mudança, a despeito da Resistência, é:

- Levar a resistência a sério
- Tratar os resistentes com respeito
- Facilitar a comunicação
- Ter visão ampla
- Buscar benefícios mútuos
- Jamais perder de vista os objetivos mínimos a atingir!

E, durante o processo, o líder deve perguntar-se constantemente três coisas:

- Para que isso me serve?
- Para que isso serve para eles?
- Será que estou me sabotando? Ou seja, que atitudes minhas e preconceitos meus, conscientes ou não, estão prejudicando a clareza de minha própria mensagem?

NEGOCIAÇÕES

Há pessoas que vivem disso. Há pessoas cuja vida profissional leva a lidar com Negociações o tempo todo. Existem outras que, no decorrer de toda uma vida, encontram em duas ou três negociações importantes, cujos resultados podem significar grandes guinadas, para melhor ou para pior. No mínimo, você vai negociar algumas mudanças de emprego, e sabe que 1) na vida a gente não ganha o que merece, ganha o que negocia e 2) cada uma delas pode mudar completamente seu rumo profissional daí para frente.

Em suma: negociação é um tema importantíssimo, embora não necessariamente freqüente, para a maioria dos executivos.

E eu não tenho a veleidade, no âmbito deste livro, de entrar no assunto em qualquer nível de profundidade. Lembro-me do meu primeiro PSS (mencionado a seguir), e de minha fascinação com o princípio da Remoção dos Obstáculos, pelo qual você vai gradativamente removendo todas as objeções do comprador. Uso isso até hoje, embora tenha plena consciência de que não é nem de longe uma solução mágica para todas as situações de negociação com as quais me confrontarei.

Os livros de Fisher e Ury – o mais famoso é *Como Chegar ao Sim*[50] – são uma excelente primeira aproximação do assunto. Se você enveredar por esse caminho, quero chamar sua atenção para os capítulos sobre negociações com pessoas de outras culturas, um tema importantíssimo neste mundo em globalização acelerada.

Para profissionais de Vendas, ou aqueles para quem a negociação comercial é central para seu trabalho, existem cursos espetaculares, em particular o PSS (Professional Selling Skills) criado pela Xerox e utilizado em centenas de empresas, e, para vender produtos/serviços que em dólares custam de seis a sete dígitos, a técnica SPIN criada por Neil Rackham.[51]

---

[50]Roger Fisher e William Ury, *Como Chegar ao Sim: A Negociação de Acordos sem Concessões*. 2ª ed. Imago, 2005.
[51]Neil Rackham, *SPIN Selling*. McGraw-Hill, 1988.

A solução Primeira Classe é um daqueles cursos caríssimos fora do Brasil (os mais famosos são os de Oxford, do INSEAD e o de Harvard), altamente recomendados se você tem o tempo e a verba necessários. Por último, existe um teste de avaliação chamado Thomas-Kilman Inventory, que avalia como as pessoas lidam com confrontação e negociação.

ORGANIZAÇÕES, DESENHO DE

Alfred Chandler disse[52] que a estrutura deve refletir a estratégia. Se a *estratégia* de sua empresa não saltar aos olhos de quem analisar detidamente sua *estrutura* organizacional, o professor Chandler sente informar que ela não atingirá suas metas estratégicas.

O professor Galbraith vem lidando com Desenho de Organizações desde que fiz seu curso sobre o assunto no MIT, em 1970. Depois do MIT, o professor Gabraith foi para o INSEAD e hoje divide seu tempo entre a USC em Los Angeles e o IMD em Lausanne. É curioso que um tema tão importante para o sucesso de uma organização tenha tão pouca atenção no mundo acadêmico, a ponto de tornar o professor Galbraith praticamente o único autor a escrever de forma inteligente sobre o assunto.[53]

Para desenhar ou redesenhar sua organização, Galbraith acha consultores externos totalmente desnecessários, a não ser que sua empresa seja enorme e presente em muitos países. Você pode organizar sua empresa de cinco maneiras: por Famílias de Produtos, por Clientes/Mercados, por Geografia, por Funções ou num desenho híbrido de Produto/Mercado (que Galbraith chama de Frente/Retaguarda). Se sua empresa tem mais de nove funcionários, esqueça a alternativa por Funções (Produção, Vendas, Marketing, Finanças etc.).

Galbraith postula que, em qualquer empresa, cinco temas precisam funcionar em perfeita harmonia: Estratégia, Estrutura, Processos, Sistemas de Compensação e Práticas de RH. O melhor desenho de organização é aquele que permite que todos os cinco itens convivam felizes. Isso é chamado de "Modelo em Estrela" e é o ponto crucial da abordagem de Galbraith.[54]

---

[52]Alfred Chandler, *Strategy and Structure*. MIT Press, 1990.
[53]O melhor livro para uma primeira exposição ao trabalho de Jay Galbraith é Jay Galbraith, Diane Downey e Amy Kates, *Designing Dynamic Organizations*, AMACOM, 2002.
[54]Você pode saber mais sobre o Modelo em Estrela de Jay Galbraith, sem comprar o livro, clicando em www.jaygalbraith.com/star_model.asp.

Um tema poderoso na obra de Galbraith é o que ele denomina Capacidade Lateral, isto é, a habilidade de se comunicar horizontalmente numa empresa. Mais do que isso. É altamente desejável que uma empresa seja capaz de criar com facilidade, e depois dispersar, equipes interdisciplinares, para lidar com projetos específicos.

E certamente você já ouviu falar de Organizações Matriciais,[55] opção comum em empresas cujos desafios comerciais sejam tais que juntar pessoas de várias disciplinas diferentes em forças-tarefa que serão dispersadas assim que seus objetivos forem atingidos seja uma ocorrência quase cotidiana.

Gosto desse modelo em Estrela porque a "tensão" entre as cinco pontas da estrela representa com vivacidade o equilíbrio que se deve buscar alcançar. As mudanças feitas numa ponta necessariamente gerarão mudanças nas outras quatro. As poucas empresas que examinam a Estrutura tendem a se apegar às linhas e aos retângulos do organograma e deixam de olhar para além dele, para a infra-estrutura da empresa: as pessoas, os fluxos de informações, os sistemas de recompensas, os processos de tomada de decisão e o propósito.

Deixar de fazer isso implica não só descumprir a Estratégia, mas também leva à disfuncionalidade e ao declínio da empresa.

Todos os Desenhos/Redesenhos exigem como primeiro input mínimo:

- Metas estratégicas claramente delineadas
- Como cada *stakeholder* se posiciona em relação a essas metas?
- Quais são os recursos (pessoas/dinheiro/tecnologia)?
- Quais são as limitações?

Afinal, se você for construir uma casa nova, precisará de uma planta, e se for lançar um novo produto, precisará de projetos e protótipos.

---

[55] O artigo de 1971 do professor Galbraith sobre Organizações Matriciais ainda é a referência sobre o assunto. É possível baixá-lo em pdf clicando em http://www.jaygalbraith.com/pdfs/galbraithmatrix1971.pdf.

Então, por que não desenhar/redesenhar cuidadosamente sua empresa para melhor atingir seus objetivos?

Quais são as fontes de fracasso mais freqüentes? São elas, em ordem decrescente de freqüência:

- Confundir Estrutura com Desenho, isto é, supor/esperar que a mera passagem do novo organograma para o papel automaticamente crie uma nova forma de fazer negócios.
- Acelerar o cronograma de implementação, exigindo mais das pessoas e da infra-estrutura do que elas podem agüentar.
- "Implementar", sem um plano claramente articulado/documentado/comunicado, um projeto sem um gerente de projeto, sem comprometimento de recursos e sem que as pessoas "comprem" a idéia.
- O Erro Clássico: definir uma nova empresa sem consultar as pessoas afetadas, comunicar todas as mudanças numa grande reunião fora do local de trabalho e supor que todo mundo concluirá o resto...

Estruturas organizacionais devem ajudar as empresas a alcançar seus objetivos estratégicos e não – como infelizmente vemos quase sempre por aí – atrapalhar a ação gerencial.

PATROCINADOR

O Patrocinador é um executivo ou (menos freqüentemente) um pequeno grupo de executivos que trabalham para superar algum desafio específico. Esse patrocinador encarregará uma equipe, quase sempre sem líder,[56] de superar esse desafio, se preocupará com o sucesso dessa equipe e se reunirá regularmente com ela para dar supervisão e apoio, e dará legitimidade e certa proteção política a essa equipe. O Patrocinador também nunca será um membro efetivo da equipe: alguns autores, inclusive, argumentam que a entrada do patrocinador na equipe que patrocina invariavelmente fará com que o projeto fracasse.

Atualmente, muitas empresas desempenham o papel do Patrocinador, com grandes vantagens. Esse é um papel subestimado e, conseqüentemente, subutilizado.

Quais são alguns tipos de iniciativas empresariais que lucrariam mais em ter um Patrocinador?

- Tudo que não pertença ao cotidiano, mas que seja criticamente importante em nível estratégico, como procurar empresas para adquirir ou com as quais se fundir, lançar novos produtos, lidar com novas tecnologias disruptivas e mudanças culturais disruptivas.
- Tudo que seja repetitivo, mas não contínuo, como promoções, análises de desempenho, campanhas de recrutamento e planos de redundância coletiva.
- Atividades confidenciais do tipo "periscópio levantado", como procurar fortes subcorrentes sociais/regulatórias que ameacem mudar os negócios, assim como acompanhar como a concorrência está agindo.
- Tudo que se relacione com novas iniciativas do tipo Responsabilidade Social Empresarial, como escolher instituições sociais para patrocinar e projetos para financiar.

[56]Ellen Peebles argumenta em um artigo da *Harvard Business Review* (outubro de 2003: *And Now, a Word from our Sponsor*) que a única saída para uma equipe sem líder sobreviver e ter êxito é contar com um patrocinador em algum cargo hierarquicamente superior.

PLANO

Esta é a segunda palavra mais gasta da cultura empresarial moderna (só perde para "Liderança"). O primeiro cuidado que essa afirmação sugere é observar se um plano que foi posto em suas mãos é compatível com os objetivos que se pretende atingir.

Os profissionais que dedicam sua vida a levantar capital para empresas nascentes me dizem que eles rejeitam logo na primeira triagem todo plano que começa com a seguinte cadeia de raciocínio:

Queremos fazer parte deste mercado – cujo tamanho e crescimento futuro estimamos em dólares X milhões e Y% por ano e, em cinco anos, queremos ter Z% de participação. Eis como faremos isso.

E que todos os planos com a seguinte cadeia de raciocínio passam pela primeira triagem:

Nosso protótipo se insere no seguinte mercado – os investimentos para converter protótipo em produto são os seguintes: nossa experiência demonstra que cada n visitas comerciais gera uma transação e a operação será lucrativa a partir da enésima transação.

Ou seja, vence quem vai do *Geral* para o *Particular*.

Acho que essa lição é eloqüente para todo mundo que pretende planejar o atingimento de alguma coisa. Resolvido esse item, quais são as principais razões para o fracasso de um plano?

1. Ele 1a) confunde protótipo com produto, 1b) custo com investimento, 1c) capital próprio com capital de terceiros com dívida, e 1d) não quantifica adequadamente os riscos do negócio (menciono conjuntamente porque estas quatro classes de problema geralmente ocorrem juntas).
2. Ele não é suficientemente flexível para lidar com as constantes e crescentes mudanças no ambiente (ou seja: *jamais esculpa seus planos em granito*).
3. Ele ignora que toda empreitada depende de Capital, Tecnologia e Pessoas e/ou não define o "mix" adequado entre os três nas diferentes fases de desenvolvimento do negócio.

O item 2 sugere que os eventos externos podem influir profundamente no andamento de um plano. O método de Cenários (inventado pela Shell na década de 1970) parece ser o mais difundido para lidar com isso. Vide **Cenários** para um tratamento mais aprofundado do tema.

O item 3 sugere que todo plano deve definir com clareza as etapas de desenvolvimento do negócio, o evento que determina o início de cada etapa e uma estimativa honesta de quanto tempo durará cada etapa.

PLATÔ

O mundo dos negócios parece manter a estranha crença de que os funcionários de destaque permanecerão assim durante toda a sua vida profissional. Isso é fisicamente impossível. Ninguém corre maratonas como corre 100 metros rasos.

Os melhores funcionários sofrem com isso porque acreditam que não lhes é permitido ter um tempo de baixa e nem mesmo cometer um deslize em algum momento, prejudicando o seu ímpeto de realização. Eles nem pensam na hipótese de pedir um cargo "fácil" por uns dois anos. As empresas logo rotulam isso como "crise precoce de meia-idade" ou dizem até que o funcionário está "queimado".

Mas há luz no fim do túnel: um número cada vez maior de profissionais brilhantes está começando a redefinir sucesso em seus próprios termos e não acha estranho solicitar uma redução temporária na pressão que as empresas exercem sobre eles.

O Instituto Hudson de Santa Bárbara, na Califórnia, construiu um modelo de ciclo de vida em quatro fases, referente ao empreendimento humano:

- Fase 1: Decolagem
- Fase 2: Desaceleração
- Fase 3: Encasulamento
- Fase 4: Preparação para (a próxima) decolagem

e diz que todo mundo passa por esse ciclo várias vezes na vida adulta. Então, se você reler a primeira frase deste artigo, perceberá como é ridículo as empresas esperarem que alguém possa realmente passar a maior parte de sua vida profissional na Fase 1![57]

Então, o que fazer quando um de nossos melhores funcionários começa a dar sinais de esmorecimento?

Em primeiro lugar, é preciso criar um ambiente de "está tudo bem", pois muitos desses funcionários de destaque podem ficar sem graça por estarem se sentindo assim e sem condições de discutir a situação livremente. Além disso, essa pessoa pode temer ser posta de lado para sempre, então a próxima coisa a fazer é certificar-se de que essa pessoa entenda que se trata de uma situação temporária, que pode levar de seis meses a dois anos, e que você pode ajudá-lo a lidar com isso.

Uma vez dados esses dois passos importantes, comece a explorar o que essa pessoa gostaria de fazer enquanto estiver recarregando as baterias. Não se atenha ao organograma atual da empresa, pois a empresa pode estar querendo iniciar uma nova atividade, comprar outra empresa ou abrir uma subsidiária em outro país. Pense também em fornecedores e clientes para os quais essa pessoa possa dar uma contribuição significativa. Pense em iniciativas que a empresa possa querer tomar, mas que ainda não tomou, porque não conseguiu achar a pessoa certa, nas áreas de captação externa, abertura/fechamento de capital, meio ambiente, relações com acionistas e relações com governo e órgãos regulatórios.

O parágrafo anterior deliberadamente exclui: (1) soluções simples, como redistribuir parte das funções da pessoa por algum tempo, e (2) soluções mais tradicionais (férias longas, ano sabático, demissão), porque, a essa altura, as soluções já devem ter sido consideradas e excluídas. Não há nada de errado em repensar essas soluções um pouco mais adiante, se e quando outros caminhos tiverem se esgotado.

---

[57]Se você quiser ler mais sobre o modelo Hudson, acesse o site www.hudsoninstitute.com e/ou o livro Hudson, Frederic e McLean, Pamela. *LifeLaunch* (Hudson Press, 2002, 4ª ed.).

Há ainda decisões referentes à transição – como quem irá substituir essa pessoa em seu atual cargo e como e quando as mudanças serão anunciadas – a serem tomadas.

Meu objetivo subjacente é ter mais pessoas no mundo dos negócios desconstruindo o conceito de que é possível para alguém correr a toda velocidade a maratona inteira.

E, por último, mas nem por isso menos importante: se sua empresa tiver um programa especial para jovens executivos de alto potencial, por favor, diga-lhes que não há problema se algum deles quiser sair dessa lista por um ano ou dois.[58]

POSSIBILIDADE[59]

A partir do final do século XIX, o que aprendemos na escola sob o nome genérico de "Método Científico" instalou-se gradativamente na pesquisa científica, depois nos sistemas de ensino, no setor industrial e, por último, na Medicina. As situações são analisadas para descobrir o que está errado, faz-se um diagnóstico, os problemas são corrigidos e tudo funciona bem, até o sistema falhar outra vez.

E não há nada de errado nisso. Pelo contrário, o mundo presenciou seus maiores avanços (tecnológicos, científicos, médicos etc.) sob a égide do método científico.

Nós, que fomos criados neste mundo, fazemos isso o tempo todo, já chegamos às situações perguntando "O que está errado?", e nem pensamos que isso possa ser um obstáculo a nosso desenvolvimento.

Entra em cena o casal Zander. Ela, psicóloga e pintora de paisagens, e ele, maestro e professor de música, nos dizem que este foco no "O que está errado?", embora nos tenha trazido inegável progresso, pode nos levar a viver no mundo da *Restrição*, e não no mundo da *Possibilidade*.

[58]Sugiro também um excelente artigo no site da Knowledge@Wharton (www.knowledge.wharton.upenn.edu) intitulado "Plateauing: Redefining Sucess at Work" [Atingindo um platô: a redefinição de sucesso no trabalho].
[59]Rosamunde Zander e Benjamin Zander: *A Arte da Possibilidade*. Campus/Elsevier, 2001.

A Arte da Possibilidade é um livro maravilhoso sobre como as pessoas podem superar suas (auto) limitações e alcançar níveis extraordinários de desempenho. Partindo do pressuposto fenomenológico de que o mundo real é um construto, conduz o leitor por uma viagem fascinante, amplamente ilustrada com estudos de casos, de como superar todas essas barreiras auto-impostas e alcançar o sucesso em seus empreendimentos. Somos todos criados no que os autores chamam de "Mundo de Mensuração", em que tudo – inclusive os limites de cada um – é quantificado. Além disso, é-nos ensinado que os recursos são escassos. E que as carências deste mundo mudam de acordo com época, dinheiro, poder, amor, recursos e força interior. Os obstáculos fora de nós mesmos estão em toda parte: basta ver o uso generalizado da palavra "campo minado" para descrevê-los.

Os erros – sustentam os autores – estão aí para nos fortalecer. Benjamin cita seu antigo professor de violoncelo: "Só se toca bem quando já se sofreu por amor." Num grupo, a pessoa que se mostra mais arredia pode ser, na verdade, a mais engajada, possivelmente alguém que de fato já teve o coração partido e não quer parti-lo outra vez. Não se apresse em chegar perto dessa pessoa, não repreenda o recalcitrante, mas busque o insight e, com certeza, essa pessoa deve ter muitos insights a respeito de como fazer as coisas de novo, de outra forma e, possivelmente, de modo excelente. Um caso bonito é o da história de Benjamin sobre como "tirar A": logo na primeira aula, ele pede que os alunos escrevam-lhe uma carta, datada do mês de maio seguinte, contando como conseguiram tirar A em sua matéria.

Depois os autores enveredam por um capítulo maravilhoso sobre "como ser uma contribuição", pondo de lado as dúvidas e prosseguindo em direção a um mundo de contribuição, mesmo que, nesse ponto, ainda não seja claro de que forma e até mesmo por que razão. Isso tem a ver com atitude ("Não existe mau tempo, existe é roupa inadequada").

E a "Regra Número 6" diz "não se leve muito a sério". Isso leva ao "eu calculador", um conjunto de idéias segundo as quais as pessoas ficam eternamente se lançando em atitudes do tipo "Eu *versus* Eles".

Os autores sugerem que a longa infância dos seres humanos (comparada com a de outros mamíferos) pode dar origem ao curioso fenômeno de os humanos terem tanta dificuldade de se livrar de hábitos que deveriam ter deixado para trás quando crianças.

PROMOÇÃO

Vide **Trajetórias de Carreira**.

PROPÓSITO

Imagine que lhe atribuíram a tarefa de elaborar declarações de Visão, Missão e Valores para sua empresa. Você aborda o assunto com muita cautela, pois sabe que, embora essas declarações possam ser importantes impulsionadores de desempenho coletivo e mensagens poderosas para acionistas e outros interessados na empresa, já viu sua quota de declarações de Visão que são tão grandiosas que se tornam impossíveis de atingir, declarações de Missão que, em prol da concisão, excluem iniciativas importantes da empresa e declarações de Valores que são ou amplas demais e nada dizem, ou tão estreitas que podem tornar seus funcionários unidimensionais demais. E talvez você não agüente mais o uso de palavras sem conteúdo do tipo "destacado", "principal", "consolidar" e "integrar".

Talvez seja mais construtivo começar com uma *Declaração de Propósitos*[60] da empresa. Escreva e depois busque o consenso de todos sobre isso. As outras três fluirão a partir daí muito com muito mais facilidade. Algumas empresas ficam mais do que satisfeitas com uma declaração de Propósitos forte e bem redigida, e não mais se preocupam em expressar Visão, Missão e Valores.

[60]Nikos Mourkogiannis, *Purpose: The Starting Point of Great Companies*. Palgrave Macmillan, 2006. Segundo minha opinião, um texto definitivo sobre o assunto.

Uma Declaração de Propósitos deve, no mínimo, incluir algo sobre

- **Descoberta**: a excitação de descobrir algo novo, ou novas maneiras de fazer coisas tradicionais, é um poderoso energizante para todos os colaboradores. Isso está incorporado em declarações que comecem com "descubra maneiras criativas de...".
- **Excelência**: é difícil convencer as pessoas a saírem da cama pela manhã e irem para o trabalho se você não estiver tentando ser excelente em *alguma coisa*. Imagine o impacto de "impressione o cliente" numa declaração de Propósitos.
- **Dia-a-dia/ambiente**: pense em algo sobre o clima do dia-a-dia em sua empresa. Palavras do tipo "desafiador" sugerem isso.
- **Valor**: expresse onde a empresa pretende gerar valor para colaboradores, clientes e acionistas. Talvez você queira que sua empresa ofereça o produto/serviço "mais barato", talvez você queira que seja "o melhor". Qualquer que seja seu objetivo, expresse-o.

Talvez você também queira incluir declarações, em relação à sua empresa, sobre: (1) sustentabilidade no longo prazo como investimento viável, (2) preocupação ambiental e (3) responsabilidades com as comunidades vizinhas.

Por outro lado, você deve evitar declarações que envolvam a Estrutura (é melhor permanecer flexível sobre esse assunto), Processo (este não é o fórum adequado para isso) ou até mesmo Estratégia (embora a Estratégia salte aos olhos do leitor, em qualquer Declaração de Propósitos bem escrita).

Algumas empresas incluem quais *não* são seus Propósitos. Em princípio, uma declaração de Propósitos bem escrita deveria prescindir disso, mas, se for incontornável, inclua. Se o fizer, evite cair em declarações circulares do tipo "não investir em negócios que sejam periféricos a nossos Propósitos".

Esse exercício não deve ser encarado de forma leviana. Reduzir a lista a palavras de impacto a serem esculpidas em granito no saguão de entrada de sua empresa, por si só, não realizará o trabalho de energizar, de forma eficaz, seus empregados, fornecedores ou clientes, ou persuadir os acionistas atuais (e futuros) de que sua empresa dispõe de uma direção inequívoca.

Durante todo o exercício, mantenha em mente a pesquisa de Mourkogiannis:[61] enquanto a maioria das empresas bem-sucedidas tem Propósitos bem claros, nenhuma das empresas que falhou nos últimos anos tinha um Propósito identificável.

[61]Op. cit.

RAPIDEZ

- Quantas vezes você já não se descreveu como uma pessoa "dinâmica", "ativa" ou "voltada para resultados" e sentiu uma pontada de culpa por não estar sendo totalmente honesto?
- Qual foi a última vez em que você disse a um entrevistador que você toma decisões rapidamente e com desembaraço, baseado em informações insuficientes, mas não conseguiu se lembrar de uma única vez em que tenha feito isso em sua carreira?
- Em quantos formulários de emprego preenchidos você gostaria de ter marcado a alternativa "pensador estratégico", mas acabou optando por "trabalhador dedicado" ou "pensador rápido", apenas porque sentiu que teria melhores chances de conseguir o emprego?
- Você já se perguntou se hoje ainda existe espaço no mundo dos negócios para pessoas cujo maior talento seja a pesquisa, a investigação e a análise de certas áreas de grande importância estratégica, mas que não terão influência alguma nos resultados do próximo trimestre?

Acredito que você responderá "sim" a pelo menos uma das quatro perguntas citadas.

A realidade é que as empresas, cada vez mais, pressionam seus colaboradores para fazer mais em menos tempo. E todos nós sabemos que *Rápido* é antônimo de *Profundo*.

Pior, para garantir sua empregabilidade, as pessoas tentam passar por mais rápidas do que são. Segundo Katharine Benziger,[62] mais de dois terços dos executivos que fizeram o teste Benziger de Estilos de Pensamento se apresentam (conscientemente ou não) como mais rápidos do que realmente são para se encaixar melhor nesse estereótipo moderno de rapidez gerencial.[63]

---

[62]Mencionada no verbete **Testes**.
[63]Clique em http://www.benziger.org/content/view/85/41/ para acessar a pesquisa.

Quando a Daimler-Benz construiu sua primeira fábrica norte-americana, no Alabama, para produzir os utilitários esportivos Mercedes-Benz classe ML, contratou pessoas de fabricantes norte-americanos, e teve de transmitir-lhes seguidamente a mensagem de que, enquanto seus empregadores anteriores pressionavam para trabalhar mais depressa, na Mercedes-Benz o objetivo era ir mais devagar e manter o foco na qualidade.

Para onde o mundo está indo? Ainda existe um lugar no qual se possa ser *mais profundo* nesta era do *mais rápido*? Estamos condenados a passar pela vida aprendendo muitas coisas superficialmente, sem nunca ter a chance – ou a recompensa – de conhecê-las a fundo? Por que as pessoas que realmente não funcionam bem nesse ambiente têm de ser forçadas a assumir novas formas de pensar, a ponto de fingir ser de um jeito que não são em entrevistas de emprego? Algum dia ainda veremos uma reação contra isso, reivindicando fazer tudo mais devagar?

Aproveitando o ensejo do movimento "Slow Food", talvez também devêssemos criar o movimento "Slow Work". Claro que ele não é recomendável para todos. Minha idéia é que, em cada empresa, alguém deva ocupar-se desde agora em pensar e planejar como sua empresa deverá estar daqui a 10 ou 20 anos. Meus contemporâneos, que chegaram à idade adulta nos anos 60, certamente vão se lembrar e se referir à característica "faça o que você gosta" de nossa geração. Conflito de gerações à parte, está na hora de algumas empresas de vanguarda virem a público e passarem ao mundo a mensagem de que, para certos cargos em sua estrutura, *é melhor não ser rápido*.

RECRUTAMENTO

O livro do Lou Adler[64] é o mais importante que eu já li sobre como contratar pessoas. Recomendo, se você conseguir suplantar a mania

---

[64] Lou Adler, op. cit.

norte-americana de siglas, receitas de bolo com x passos e soluções de y passos.

Lou Adler menciona pesquisa do professor John Hunter, da Michigan State University, pela qual apenas 57% das pessoas contratadas estão naquela posição um ano depois. Imagine um processo industrial que só funcionasse 57% do tempo! Já teria passado por n reengenharias... A realidade é que o mundo persiste em recrutar pessoas por um procedimento vastamente ineficiente como esse.

Qual é a maior armadilha da entrevista de emprego? É que a maioria dos entrevistadores faz um julgamento emocional, em torno do 15º minuto da entrevista. Nesse momento, decide se vai ou não apoiar a contratação daquela pessoa e "encerra" a entrevista (embora ela continue por mais 45 minutos ou mais).

Se você já se perguntou por que as empresas estão tão cheias de pessoas *vivazes, atraentes, afáveis* e *articuladas,* porém *incompetentes,* agora já sabe a resposta!

Ou seja, as pessoas, por um processo em grande parte inconsciente, contratam pelas razões erradas: *se você simpatizar com um candidato, inconscientemente afrouxará suas exigências; caso contrário, pouco se importará se ele é competente ou não.*

Segundo Lou Adler, os melhores entrevistadores

- Dispõem de técnicas de coleta de informações altamente desenvolvidas dentro e fora da entrevista.
- São capazes de suspender o julgamento emocional até pelo menos o dia seguinte ao da entrevista.

Eis o ranking de Lou Adler para as características dos *piores* entrevistadores, relacionadas em ordem decrescente:

- Emocionais demais (contratam pessoas com base em primeiras impressões e na personalidade).

- Excessivamente intuitivos (provocam um curto-circuito no processo, resultando na avaliação de apenas uma fração dos traços desejáveis dos candidatos).
- Técnicos em excesso (enfatizam demais a necessidade de experiência e habilidades).

Eis os conselhos de Lou Adler para contratar com eficácia:

1. Certifique-se de que a descrição de cargo contenha tantos critérios de desempenho mensuráveis quanto possível. Isso inclui resultados, produtos e prazos, e defina: 1a) os fatores críticos de sucesso do cargo e 1b) o que constitui um desempenho superior.
2. Certifique-se de que o grupo de candidatos potenciais inclui o melhor talento disponível (não adianta empregar técnicas sofisticadas de contratação se você estiver captando os piores candidatos).
3. Durante a entrevista, sonde exemplos específicos de sucesso. Faça perguntas do tipo "Dê-me um exemplo detalhado de...".
4. Adie qualquer avaliação emocional e subjetiva até pelo menos o dia seguinte.
5. Nunca "venda" o cargo aos candidatos que restaram depois das primeiras triagens. Lembre-se de que você está comprando, não vendendo.

Este livro é altamente recomendado se você acha que não é um bom recrutador (isto é, a maioria de nós) e/ou está prestes a contratar uma empresa de busca de executivos. No entanto, se você não agüenta mais o atual formato norte-americano de livros de negócios (cinco passos, duas siglas, três receitas de bolo), mantenha distância.

RESULTADOS

Gary Nielson é sócio da empresa de consultoria-gerenciamento global Booz Allen Hamilton. Bruce Pasternack é CEO da Special Olympics e já foi sócio da Booz Allen. No livro *Resultados*,[65] eles apresentam uma extensa pesquisa sobre empresas que dão resultados consistentes e as que não dão. Sua conclusão é que as empresas nas quais consistentemente se entregam resultados cada vez melhores são aquelas que melhor encaixam o seguinte quebra-cabeça de quatro peças:

- **Direitos de decisão:** regras explícitas sobre por que e através de quem as decisões são realmente tomadas. Idealmente, a pessoa mais próxima do problema deve ter poderes para resolvê-lo.
- **Motivadores:** incentivos, reconhecimento e recompensa por um trabalho bem-feito, alternativas profissionais, cultura e valores empresariais.
- **Informação:** disponibilizar a informação na hora certa a quem precisa dela para decidir. Mecanismos para coordenar atividades e transferir conhecimento.
- **Estrutura:** modelo de organização, incluindo um organograma que facilite, em vez de atrapalhar, o fluxo de decisões.

A maioria não se surpreenderá em saber que 54% das pessoas que respondem ao questionário trabalham em empresas doentias (Passivo-agressivas, de Avanços Esporádicos, Superdesenvolvidas ou Superadministradas). Só as Passivo-agressivas respondem por 27% dos questionários! Os 17% que trabalham em empresas resilientes relatam que se "realizam" com a experiência e que o retorno é "mais alto" do que o de seus colegas de profissão. Os outros dois tipos de empresas saudáveis (Precisão Militar e *Just in Time*) respondem pelos outros 14% dos participantes da pesquisa. As respostas dos restantes 15% de participantes da pesquisa foram consi-

---

[65]Nielson e Pasternack, op. cit. Vide também o verbete **Empresa**.

deradas "inconclusivas" pelos autores. Por fim, os autores classificaram as respostas pelo critério de vendas anuais da empresa e, o que já era esperado, descobriram que empresas muito grandes (acima de US$10 bilhões de vendas anuais) podem ser extremamente doentias e são muito difíceis de dirigir de forma orientada para resultados.

Resultados não é a "bala de prata" que o título sugere, mas uma ferramenta de diagnóstico simples (às vezes, simples demais) para explicar por que certas empresas são incapazes de entregar Resultados de forma consistente. Os casos e exemplos (quase sempre o nome verdadeiro da empresa é mencionado) são excelentes e inseridos no momento certo. Gostei particularmente do exemplo da 7-Eleven, originalmente uma empresa de Avanços Esporádicos, que Superdesenvolveu esse modelo, pediu concordata, reorganizou-se sob o modelo Precisão Militar e hoje está prestes a se tornar resiliente. A ironia é que esse último passo envolveu diminuir os níveis gerenciais de 11 (*eleven*) para 7 (*seven*), incluindo o CEO e os gerentes de loja!

Todas as sete "síndromes" foram belamente descritas, embora eu desejasse ter visto uma análise mais aprofundada das passivo-agressivas, exatamente o tipo que os autores alegam ser o mais difícil de todos. As resilientes são maravilhosamente cobertas, o que nos dá – que não trabalhamos em uma empresa resiliente – algo pelo que lutar.

Esse livro faz parte da minha recomendação de Biblioteca Mínima. E quem leu *Execução* (Gary Bossidy e Ram Charam), e achou no final que ali faltava alguma coisa, talvez ache essa alguma coisa nesse livro.

REUNIÃO

O humorista Luis Fernando Veríssimo diz que, se lhe pedissem para dizer a única razão pela qual a humanidade é mais infeliz e menos criativa do que poderia ser, sua resposta seria "reuniões". Todo mundo odeia reuniões e todo mundo tem mais reuniões em sua agenda do que considera saudável. O que fazer?

Em primeiro lugar, há dois tipos de reuniões neste mundo:

- Tipo Um: Aquelas reuniões concebidas para as pessoas comparecerem, falarem sobre o andamento das coisas, reiterarem responsabilidades e prazos e compartilharem as últimas notícias. O *tempo* é quase sempre a variável-chave aqui, e o líder da reunião é responsável pela manutenção do ritmo. Um exemplo clássico desse tipo de reunião é a famosa "*8:14*" da Ericsson. Inclui reuniões telefônicas, os famigerados Conference Calls. Não são o lugar apropriado para atacar Grandes Temas Corporativos (objeto do tipo a seguir), e você, como líder, não deve permitir que descambem para isso. Algumas pessoas as chamam de "Check-in".
- Tipo Dois: Aquelas reuniões concebidas para as pessoas se juntarem e realizarem coisas que são mais bem-feitas em grupo. A *realização de um trabalho* é a variável-chave nessas reuniões. Algumas pessoas, sem ironia alguma, as chamam de "reuniões de trabalho", o que naturalmente reforça a crença generalizada de que em uma reunião não se trabalha.

A primeira lição a esse respeito é que, ao organizar uma reunião, é preciso informar claramente aos participantes de que tipo de reunião se trata, dentre as duas possibilidades citadas. A seguir, mostrarei que as reuniões do Tipo Dois se subdividem em três categorias.

Segue um *check-list*. Se você não tiver uma resposta coerente para todas as perguntas, considere a hipótese de não convocar reunião alguma! Se o fizer, e pensar com cuidado nas respostas para cada uma delas, quando convocar e, mais tarde, realizar a reunião, ela será muito mais produtiva.

1. Que resultado final se pretende ao final da reunião?
2. Quem precisa contribuir para esse resultado e qual a contribuição que se espera de cada um?

3. Que informações de apoio deverão ser distribuídas aos convocados antes do início da reunião? Que "dever de casa" precisarão fazer? Esse dever de casa deverá ser entregue antes ou durante a reunião?
4. Que tipo de resistência ou obstáculos se espera enfrentar?
5. Como lidaremos com tentativas de se desviar/afastar do assunto principal da reunião?
6. Teremos de, em algum momento, dividir os participantes em subgrupos?
7. Quem deve conduzir a reunião geral, o trabalho de discussão sobre tópicos específicos e os subgrupos?
8. Alguém de fora deveria ser convidado para participar da reunião como facilitador ou especialista?
9. Estamos programando tópicos para essa reunião que sejam semelhantes em seus requisitos de trabalho?
10. Que suporte tecnológico (projetores, videoconferência) deve ser requisitado para essa reunião?

O resto deste verbete trata da reunião em si.

As reuniões são a única maneira de fazer com que algumas coisas importantes sejam feitas. São também o lugar em que a cultura da empresa se perpetua. Portanto, o modo como você organiza reuniões não é apenas uma alternativa excelente de melhorar o desempenho, mas também uma das maneiras mais eficazes de proporcionar uma experiência agradável e recompensadora para as pessoas que trabalham em sua empresa. *O alerta amarelo ocorre quando você passa mais de seis horas por semana em reuniões do Tipo Um.*

Eis algumas providências que você deve tomar se realmente quiser melhorar a qualidade de suas reuniões:

1. **Organize tudo com antecedência**: Ao convocar uma reunião, certifique-se de que a data não entre em conflito com a agenda de todas as pessoas envolvidas. É a única maneira de garantir a presença de todos e que os participantes não se distraiam com

outras questões. Diga-lhes quanto tempo você programou, no total e para cada tópico, que dados e informações espera que cada participante traga para a reunião e o que espera em termos de resultado. Se for uma reunião do Tipo Dois (isto é, de trabalho), ela pode ser de três subtipos: 2A) para resolução de problemas, 2B) para geração de documentos e 2C) para *brainstorming* [busca de soluções].[66]

2. **Faça um cronograma rígido**: Diga a cada participante quanto tempo ele terá para falar e não fuja do cronograma. Essa é a única forma de se evitarem digressões. Se alguém reclamar durante a reunião que o tempo concedido é insuficiente, diga-lhe que ele deveria ter feito essa reclamação quando a reunião foi programada. E se alguém reclamar que a pauta não é apropriada (uma ocorrência bem freqüente), peça que essa pessoa programe outra reunião para tratar da pauta alternativa. Uma empresa que conheço retirou todas as cadeiras da sala de reuniões e alongou as pernas da mesa, para que as pessoas pudessem trabalhar confortavelmente de pé. Eles alegam que o tempo despendido em reuniões do Tipo Um, e algumas do Tipo Dois, foi reduzido em 50%.

3. **Torne sua reunião produtiva**: A maioria das reuniões é ineficaz porque seu objetivo é a reunião em si, e não a execução de uma tarefa. Então, se o objetivo é, por exemplo, escrever um documento que tenha a contribuição de todos, "bote a mão na massa" e escreva o documento durante a reunião. Conheço gente que chama esse tipo de reunião de "reunião de trabalho", e o termo é perfeito para mostrar a opinião que as pessoas têm de reuniões: afinal, não é o objetivo de todas as reuniões a realização de um trabalho?

4. **Estimule contribuições francas**: Outra reclamação comum é que as pessoas nas reuniões nem sempre se atêm à verdade. Às vezes, o chefe da reunião conhece o assunto o suficiente para suspeitar disso. Se for este seu caso, você deve desafiar as pessoas a serem

---

[66]Vide o verbete **Brainstorming**.

sinceras. Ou use o bom senso: por exemplo, se o número de rejeições do controle de qualidade tiver caído significativamente no passado recente, você deve aventar a hipótese de um possível relaxamento nos padrões de qualidade. Você também deve aprender mais sobre pesquisas de opinião via Internet que estimulam a franqueza porque garantem confidencialidade.

5. **Conclua atribuindo tarefas de ação específicas**: Certifique-se de encerrar a reunião avaliando se os objetivos originais foram atendidos e depois verificando se cada pessoa presente entende com clareza seu "dever de casa" para fazer, e se está ciente da forma, do conteúdo e dos prazos de todas as tarefas. Pense na possibilidade de marcar uma reunião posterior, de 10 minutos, com cada um em sua sala, talvez dois dias depois, para resolver questões operacionais associadas à tarefa de cada pessoa. Isso pode evitar que uma reclamação comum ocorra, a de que as pessoas ou saem das reuniões sem saber exatamente o que se espera delas ou sabem, mas outras prioridades se apresentam logo depois que a reunião termina.

Certifique-se de revisitar regularmente os cinco tópicos citados. Lembre-se de que as pessoas que realmente querem tornar as reuniões mais eficazes estão declarando guerra a anos e anos de maus hábitos arraigados.

ROTATIVIDADE

Muitos empresários me perguntam o que fazer para reduzir a rotatividade. Minha resposta padrão é que, até 5% ao ano, a rotatividade pode ser uma boa coisa. Em seguida, proponho que primeiro eles subdividam a população de empregados em: (a) *Inovadores* (responsáveis pelas mudanças); (b) *Colaboradores* (os que põem as mudanças em prática) e (c) *Atrapalhadores* (os que bloqueiam as mudanças) e depois discriminem os números da rotatividade anual em cada categoria. Se a rotatividade é superior a 10% entre os *Inovadores* (e, numa empresa saudável, essa categoria deve responder por 5-8% da população total de empregados), então você tem um problema. Mesmo entre os *Colaboradores* (normalmente 80% da população de empregados), a rotatividade superior a 10% não deve ser motivo de preocupação. É claro que a situação utópica ideal é que 100% da rotatividade fiquem restritos aos *Atrapalhadores* (os restantes 5-10%), mas isso nunca acontece na vida real!

A *Gazeta Mercantil* publicou, em 7 de dezembro de 2006, um estudo sobre 2.314 executivos de nível médio e alto de ambos os sexos no Brasil na faixa etária de 30 a 45 anos.[67] A intenção era classificar as principais causas de desmotivação no trabalho. A número 1, com 48% das respostas, foi "falta de informações transparentes". A segunda no ranking foi "falta de espaço para o desenvolvimento de carreira". "Baixa remuneração" foi a terceira, ficando bem distante das demais. E a quarta foi "falta de respeito".

Vejamos um por um esses resultados: um executivo promissor que não tem acesso a informações confiáveis não pode tomar decisões eficazes em seu dia-a-dia. Ele pode nem ter idéia de como está se saindo. E o que é pior, pode suspeitar de que os números estão sendo usados contra ele! O problema é como lidar com isso: como fazer uma campanha de transparência para reduzir a rotatividade no médio prazo?

Depois vem a segunda reclamação mais freqüente: falta de espaço para desenvolvimento de carreira.[68] Isso não precisa ser mencionado todos os dias. E há uma diferença grande de percepção: os executivos mais jovens tendem a subestimar a bagagem de que precisam para ser promovidos. E os executivos mais velhos atribuem a inquietação dos mais jovens à impaciência pura e simples. Algumas pessoas se beneficiam mais de suas promoções quando precedidas dois anos antes por mudanças laterais, outras pessoas lidam bem com desafios que não se encaixam em descrições de cargos tradicionais, enquanto outras ainda querem se

---

[67] Não consigo uma forma inteligente de "linkar" para este artigo no site da *Gazeta Mercantil*.
[68] Para um tratamento mais completo, vide o verbete **Trajetórias (de Carreira)**.

tornar especialistas em determinado tema e não querem ser promovidas. Em qualquer empresa, de qualquer tamanho, esses planos de desenvolvimento de carreira terão de ser trabalhados individualmente com cada executivo. Não importa de que forma, descubra como combinar melhor a trajetória de desenvolvimento de sua empresa com o que seus funcionários muito especiais querem para suas carreiras, e facilite seu acesso às oportunidades.

A terceira resposta, esta minoritária, é a questão da remuneração. Isso pode ser surpreendente para alguns leitores. A reação automática de um dirigente de empresa que enfrenta altos níveis de rotatividade é pensar na remuneração. A menos que a remuneração da empresa esteja bem abaixo dos níveis de mercado, isso pode ser um erro. Deixe-me usar um exemplo extremo para melhor descrever isso: suponha que lhe ofereçam um emprego no Inferno, para se reportar diretamente ao Diabo, com um ambiente de trabalho horrível, nenhum espaço para o crescimento, mas para ganhar US$1 milhão por mês. Você aceitaria?

Na quarta posição, está a terrível "falta de respeito". O termo pode significar muitas coisas, desde a impossibilidade de ter uma vida pessoal/familiar decente ao trabalhar para essa empresa, passando pelo roubo de idéias e por chefes tomando para si o crédito pelo trabalho de seus subordinados, até o assédio moral escancarado. Um exemplo extremo ocorreu há alguns anos num grande banco de investimentos de Nova York: um chefe de departamento atribuiu todos os bônus a si mesmo e não deu nada a seus subordinados. Todos os seus subordinados se demitiram ao mesmo tempo, uma semana depois, para trabalhar em um banco concorrente.

Em primeiro lugar, as pessoas ficam nas empresas porque há um ambiente de trabalho saudável; em segundo lugar, porque há espaço para crescer. A remuneração vem em terceiro lugar.

Em 2000, quatro consultores da McKinsey publicaram um livro divisor de águas intitulado *The War for Talent*.[69] O mundo dos negócios

---

[69]Ed. Michaels, Helen Handfield-Jones e Beth Axelrod, *The War for Talent*. Clique em http://www.mckinsey.com/clientservice/organizationleadership/warfortalent/index.asp.

recebeu seu primeiro aviso-despertador: *pessoas qualificadas estavam se tornando cada vez mais raras!*

Naquele momento, isso ia contra a crença popular, que vislumbrava um futuro com milhões de pessoas muito talentosas condenadas ao desemprego pela globalização, a terceirização, os avanços tecnológicos e a aparente incapacidade dos atuários dos fundos de pensão em entenderem o progresso da ciência médica.

Esse estudo foi atualizado em 2005 e o quadro havia piorado. Nos últimos cinco anos, o mercado de recrutamento absorveu gradualmente o aviso-despertador: a mudança mais óbvia é que hoje raramente se ouve falar em discriminação por idade.

Qual é a lição para as empresas? Recrutem com sabedoria e agarrem seus melhores talentos. Isso quer dizer:

- Adote algum tipo de Plano de Contratação e não se afaste dele. Há algumas ferramentas de *software* para isso. Isso vai lhe permitir "visualizar" sua Linha de Liderança inteira. Envolva a administração sênior no processo de Contratação – isso não é coisa só para o "pessoal de RH". Certifique-se de que todas as solicitações de Contratação incluam Descrições de Cargo escritas de acordo com o método SMART.[70]
- Utilize ferramentas de Avaliação de Desempenho que lhe permitam dividir seus empregados em *game changers* (responsáveis pelas mudanças), cerca de 10%, *game players* (os que põem as mudanças em prática), cerca de 75%, e *game blockers* (os que bloqueiam as mudanças), o restante. Há várias ferramentas excelentes no mercado.
- Desenvolva ferramentas de Treinamento, Desenvolvimento e Retenção para os dois primeiros segmentos. Certifique-se de que todos os quatro caminhos profissionais estejam abertos para eles: Linear, em Espiral, de Especialista e Transitório. Faça amplo uso

---

[70]Vide o verbete **Descrição de Cargo**.

de soluções de Coaching e Mentoramento, principalmente para pessoas indicadas para promoção. Escolha uma ou mais universidades de ponta para desenvolver programas próprios para sua empresa.

- Desenvolva um programa especial para recontratar mulheres que saíram de sua empresa por razões pessoais nos últimos dois anos.[71]
- Certifique-se de que seus salários e sistemas de remuneração variável sejam competitivos, mas lembre-se de que uma empresa que funciona bem nos itens citados não precisa pagar salários acima do mercado para atrair e manter pessoas muito talentosas.

[71]Sylvia Ann Hewlett, Carolyn Buck Luce, Peggy Schiller e Sandra Southwell: "Off Ramps and On Ramps: Keeping Talented Women on the Road to Success". *Harvard Business Review Research Report*, 2005. Clique em www.womenscareersreport.hbr.org para ter acesso ao documento.

TELEFONE

Há mais de 30 anos, trabalhei no Citibank. Um dia, deram-me um pequeno manual chamado *Desenvolvendo uma personalidade telefônica*. Ele mencionava coisas que nunca mais esqueci, como:

- Seja o chamador interno ou externo, identifique-se logo depois do nome da empresa, depois diga "bom-dia" ou "boa-tarde". (Isso foi antes dos tempos do "Em que posso ajudar?"). Ensaie isso, mas não a ponto de soar como um robô.
- As pessoas têm uma estranha fantasia pela qual, ao telefonar para uma empresa, esta adquire voz humana e está falando com elas. Ou seja, *durante o telefonema, você é sua empresa, e deve se comportar de acordo*.
- Elimine todos os gerúndios futuros de sua fala ("Vou estar cadastrando o senhor"), pois sempre dão uma impressão de artificialidade e falta de deliberação. Isso faz com que a outra pessoa sinta que você não está à vontade com o que está dizendo e, portanto, ou o que você diz não é verdadeiro, ou você não está autorizado a lidar com a questão.

E, por último, mas não menos importante:

- Sorria ao falar. Sua voz ficará totalmente diferente!

Anos depois, trabalhei na Xerox, onde o mantra era que, se você atendesse o telefone e fosse um cliente zangado, tornava-se imediatamente responsável por resolver o problema todo sozinho. Não havia a opção do "Por favor, aguarde enquanto transfiro para o Departamento Y" na Xerox, naquela época.

Hoje em dia, pode estar fora de moda, ou até ser politicamente incorreto, fazer um manual como este. Mas como faz falta!

Se você ligar para o número móvel de alguém, lembre-se de que aquela pessoa pode estar em reunião, dirigindo um automóvel etc.: pergunte, *antes de mais nada*, se este é um bom momento para falar.

TESTES

Há anos, existe toda sorte de testes psicológicos[72] no mercado. Os mais conhecidos são:

- MBTI (Myers-Briggs Type Indicator). Propõe, a partir das teorias de Carl Jung, que os seres humanos se classificam em 16 tipos psicológicos. Este vem sendo aprimorado há décadas, e pode ser uma ferramenta excelente para um executivo entender melhor o que faz bem, o que poderia fazer melhor e como seu estilo muda quando sob pressão. Funciona bem na formação de equipes de trabalho. Inclui severas restrições quanto à possível "rotulação" dos avaliados, que, contudo, é infringida regularmente, muitas vezes pelos próprios avaliados. Não é recomendado para decisões de recrutamento/encarreiramento, embora tenha sido criado para isso.
- Firo-B. Mede como um profissional se aproxima das pessoas, convida-as para trabalhar e as inclui em sua equipe. Pode também prever como e por que um executivo afasta uma pessoa de sua equipe. Este teste também já passou por inúmeros refinamentos. Pode ser uma ferramenta poderosa em coaching de jovens executivos de alto potencial. É imensamente subutilizada na formação e no diagnóstico de equipes. Já vi Firo-B usado na resolução de conflitos interpessoais, uma situação possivelmente além dos limites para os quais a ferramenta foi projetada.

[72]Como a lei de diversos países, incluindo o Brasil, exige que um teste psicológico seja ministrado e interpretado exclusivamente por pessoas formadas em Psicologia, idealmente com substancial exposição adicional à Psicometria, convencionou-se referir esses testes com outros nomes, o mais comum sendo Indicadores. Neste livro, além do termo Ferramenta, vou ignorar essa polêmica e usar o nome popular: Testes.

- Thomas-Kilman Inventory. Mede como as pessoas lidam com Confrontação e Negociação. Como todo executivo em algum momento será um Negociador de alguma coisa, para a empresa ou para si, trata-se de uma ferramenta poderosa (Vide o verbete **Negociações**).
- O SIE (Survey of Influence Effectiveness) é um teste interessantíssimo, porque ajuda um executivo a descobrir como usar a Influência para conseguir as coisas através dos outros. Pergunte a qualquer executivo que percentual das coisas ele consegue com Influência e que percentual com Poder, e você vai ouvir coisas do tipo 90-10 ou 80-20. No entanto, a literatura de gestão mal lida com o tema Influência. Conclui-se que fazer esse teste talvez seja a única forma construtiva de um executivo aprender sobre os próprios métodos de Influenciar os outros.

Em todos, presume-se que o profissional testado terá uma entrevista devolutiva mais rica em *Possibilidade*[73] que em *Restrição*. Infelizmente, observo que a maioria das entrevistas devolutivas está bem aquém da riqueza da ferramenta a que se refere.

Alguns, como o MBTI, descrevem detalhadamente para quais finalidades se destinam e, mais importante, para quais finalidades não são recomendados. Alguns, ainda como o MBTI, descrevem os níveis de confiabilidade estatística que pretendem ter.

Não parece haver forte correlação entre confiabilidade e popularidade. Exemplos: o indicador Benziger, que descreve o Estilo de Pensamento de um executivo, é uma ferramenta séria porém pouco conhecida. O DISC, possivelmente eclipsado pelo MBTI, também não tem a circulação que merece. E o Questionário Winslow, muito eficaz no recrutamento de profissionais de Vendas, deveria ser 20 vezes mais difundido do que é. Quantas vezes você já ouviu "fulano tem jeito para Vendas"? Pois é, o Winslow é uma forma científica de aferir isso em alguém.

---

[73]Vide o verbete **Possibilidade**.

O problema não está no teste; está no uso que se faz dos resultados dele. Algumas empresas utilizam os resultados desses testes para perpetrar toda sorte de maldades, muitas vezes a) tratando-os como rígidos e estáticos, ou seja, presumindo que a pessoa não tenha a capacidade de reinventar-se e/ou b) estendendo esses resultados além do nível de sua confiabilidade estatística.

Na próxima rodada de cortes de despesas, alguém vai puxar os resultados de uma ou duas dessas ferramentas e, a partir de um elaborado estratagema fantasiado com palavras bonitas do tipo "perfis psicológicos incompatíveis com o futuro dessa organização", demitir todas as pessoas portadoras de determinado perfil.[74] Mal sabem elas que a empresa vai ficar mais pobre, pela redução da diversidade intelectual.

Se sua empresa quer que você faça um testes desses, certifique-se primeiro de que terá uma entrevista devolutiva por profissional qualificado. Peça para ver a credencial do profissional. Se você ficar desapontado com a devolutiva, procure a entidade que emitiu as credenciais para essa ferramenta e solicite a indicação de outro profissional que possa fazer uma devolutiva melhor. Como a maioria das empresas não lida bem com segundas devolutivas, ofereça-se para pagar do próprio bolso por essa segunda devolutiva. Pergunte qual será o nível de divulgação dos resultados: a maioria das ferramentas especifica que a circulação dos resultados está restrita ao avaliado, e que este autorizará a divulgação, presumivelmente apenas para o chefe atual. Mais uma vez, com um telefonema ou visita ao site da entidade que fez a certificação da ferramenta, você pode se informar em detalhes qual é o procedimento adequado de divulgação, ou não, dos resultados.

TÓXICA, EMPRESA

Em outubro de 2004, apresentei no Congresso da COPPEAD, no Rio de Janeiro, um trabalho intitulado *"Você pode ficar viciado numa empresa?"*.

[74] Não estou sendo paranóico. Já vi isso acontecer!

Nele, a Empresa Tóxica é definida como uma empresa que faz virem à tona nossas mais recônditas tendências *workaholic* e transforma-as num mecanismo de retenção, e a única maneira de escapar disso é sair da empresa. A receptividade ao texto e à apresentação foi extremamente positiva, já que esse fenômeno, embora bem difundido, está pouco documentado. Decidi então criar um verbete neste livro contendo alguns indicadores que idealmente permitam a *detecção remota* de uma Empresa Tóxica. Aí vão elas, em ordem inversa à distância da empresa sob consideração:

1. Tome cuidado com Declarações de Missão que sejam nobres ou grandiosas demais

A maioria dos sites das empresas contém sua Declaração de Missão. As mais pretensiosas estão normalmente mais relacionadas com empresas tóxicas, pois são, de modo geral, inatingíveis. Imagine uma empresa que queira "acabar com a fome no mundo".[75] Schaef e Fassel, em seu livro,[76] mencionam que esse é provavelmente o motivo pelo qual a maioria das organizações de cunho religioso é tóxica.

2. São definitivamente suspeitas aquelas empresas que prometem que lhe trarão coisas que as pessoas normais obtêm de suas famílias e grupo social

Algumas empresas prometem Reconhecimento, Aprovação, Desenvolvimento de Habilidades Sociais e até um lugar em que Alguém está Preocupado com seu Bem-Estar. Pessoas saudáveis obtêm tudo isso de suas redes familiares/sociais, e não das empresas em que trabalham.

3. Aproxime-se com cuidado de empresas que têm um porta-voz

Numa empresa saudável, qualquer pessoa pode falar pela empresa. Há até mesmo um Treinamento de Mídia, para que você possa falar coerentemente sobre a empresa, caso seja contatado pela mí-

---

[75]Juro que não inventei isso. Trata-se de uma empresa norte-americana que produz sementes geneticamente modificadas.
[76]Anne Schaef e Diane Fassel, op. cit.

dia. As empresas doentes odeiam exposição, e por isso centralizam todo o seu relacionamento com o mundo externo numa só pessoa, o chamado porta-voz, cuidadosamente adestrado para contar uma história que muitas vezes pouco tem a ver com a verdade. Em sua entrevista de emprego, pergunte se há um departamento de RP, se há um porta-voz e se, caso você seja contratado, terá direito a fazer Treinamento de Mídia.

4. Cuidado com as empresas cujos executivos se isolam e não dão ênfase ao desenvolvimento alheio

Quando for visitar uma empresa na qual lhe interessa trabalhar, observe se a maioria dos executivos trabalha sozinho e de portas fechadas. Quando for entrevistado(a) por seu(sua) provável futuro(a) chefe, pergunte que quantidade de tempo ele(a) dedica ao futuro (deve estar em torno de 20%) e que quantidade de tempo dedica ao desenvolvimento dos outros (deve ser também cerca de 20%). Tente marcar sua entrevista para depois das 18 horas (é fácil: diga que anda ocupadíssimo!) e verifique se mais de 30% das mesas ainda estão ocupadas.

5. Tome cuidado com as empresas cujos funcionários se engajam em funções esportivas/sociais altamente desenvolvidas

As empresas viciantes querem ter seus funcionários 24 horas por dia, 7 dias por semana (afinal de contas, essa é a melhor Ferramenta de Retenção!) e acabam ocupando todo o tempo dos funcionários. Algumas incluem seus familiares. Pergunte sobre as atividades esportivas existentes e fique atento se a resposta for muito elaborada. Pergunte a qualquer funcionário quantos amigos ele tem fora da empresa.

6. Preste atenção ao comportamento de seu entrevistador

Workaholics tendem a ser Compulsivos (perfeccionismo, dogmatismo, obstinação), Paranóicos (frieza, racionalidade excessiva, destituição de emoção), Dramáticos (uso excessivo de hipérboles, foco nas crises, mudanças bruscas de humor), Depressivos (culpa, inadequação, capacidade limitada de pensar claramente, dificuldade de dizer "não"), Esquizofrênicos (distanciamento, evitação da intimidade, trabalho como fuga, indiferença, pouca capacidade de ouvir).

7. Aproxime-se com cuidado das empresas que parecem estar sempre em crise

Preste atenção em expressões emprestadas do jargão militar, como "campo minado", "contra-ataque" e "palco de operações" e salas de reunião referidas como "Sala de Guerra". Observe se seu interlocutor está operando em "modo Crise" permanente, e se se refere à concorrência como se competissem com o Diabo em pessoa.

8. As empresas que dão mais ênfase ao processo que aos resultados provavelmente estão corrompidas

Isso é um pouco mais difícil de identificar, a menos que você já trabalhe para a empresa. Preste atenção a declarações do tipo "Jorge foi promovido porque trabalha 14 horas por dia", "Meu projeto não foi aprovado apesar das 300 horas que investi nele" e "O chefe deve ser o primeiro a chegar e o último a sair". Cuidado com regras bobas do tipo "é proibido rir, contar piada ou ler o jornal durante o expediente". Pergunte se, caso seja contratado, você dormirá em sua própria cama pelo menos 150 noites por ano.

9. Seja extremamente cuidadoso com empresas em que a palavra do chefe é lei

Se tiver a chance de participar de uma reunião interna quando ainda estiver em processo de seleção, perceba sinais não-verbais de insatisfação óbvia da platéia que não sejam seguidos de saudável e entusiasmado debate.

10. Tudo bem, você aceitou o trabalho numa empresa potencialmente viciante. Qual é o primeiro sinal de que tomou a decisão errada?

Toda vez que você se pegar empurrando um produto ou um serviço que o cliente não precisa de verdade, só para alcançar uma meta mensal ou trimestral, você estará se comportando exatamente como o viciado que faz qualquer coisa por mais uma dose.

Não há nada de errado em ser leal e dedicado à empresa. Na verdade, isso é essencial para um relacionamento saudável com seu empregador. No entanto, os que põem a lealdade à empresa acima de seu bem-estar individual provavelmente já estão contaminados.[77]

TRABALHO

Considere esta minha taxonomia do que é Trabalho. Se:

- *Arte* é a busca da beleza e da elegância, o que compreende um componente didático pelo qual o artista quer compartilhar sua concepção do Belo com o resto de nós.
- *Artesanato* é um conjunto de regras ensináveis para a produção repetida de determinados bens e serviços.
- *Ciência* é o processo pelo qual o ser humano *põe rédeas* nas leis da natureza.

Então, você certamente concordará comigo que todo o Trabalho humano é uma combinação, em alguma proporção, de Arte, Artesanato e Ciência.

Agora, considere este meu corolário: todos os três estarão sempre presentes, embora às vezes um ou dois em proporções muito pequenas.

As empresas, criadas para converter o esforço humano em valor econômico, direcionam combinações específicas de Arte, Artesanato e Ciência em benefício dos acionistas.

[77]Robert Sutton, professor da Escola de Negócios de Stanford, publicou em 2007 um livro que eu ainda não li, mas que vive aparecendo em listas de bibliografia relevante ao tema Empresas Tóxicas. Chama-se *The No Asshole Rule: Building a Civilized Workplace and Surviving One That Isn't* [Delete os Idiotas: Como criar um ambiente de trabalho saudável, e sobreviver em um que não é]. Warner Business Books, 2007. Neste momento (outubro de 2008), a edição de capa dura está esgotada, há uma fila no amazon.com para a edição brochura, e não há edição brasileira.

Nos últimos 80 anos, essa combinação mudou de maneira significativa, principalmente no que concerne à Ciência, que expandiu, em detrimento da Arte, todo o território que havia apoderado do Artesanato durante a primeira fase da Revolução Industrial. Isso parecia inevitável nos primórdios do século XX. O movimento Bauhaus, em meados do século XX, bradou aos quatro ventos que "a forma é conseqüência da função" e isso, em alguns círculos, é um mantra até hoje. Mas a geração dos anos 60, resultado da expansão demográfica do pós-guerra, rebelou-se contra a situação da Ciência devorando a Arte e o Artesanato e a humanidade redescobriu a ambos. Hoje, a agricultura contém muito mais Ciência do que costumava conter (embora os detratores da Alteração Genética estejam infelizes com essa situação) e a Indústria deu passos largos para incorporar a Ciência, devorando o Artesanato, por ser tão "acientífico", embora, se você der um passeio por um piso de fábrica, mesmo de uma empresa de alta tecnologia, ainda veja muito Artesanato acontecendo. Com o crescimento do setor de Serviços, e no Primeiro Mundo ele cresceu mais rápido do que nos outros dois, percebemos um interesse saudável pela Arte. Na virada no século XXI, Stephen Wolfram publicou *A New Kind of Science*,[78] mostrando que Ciência e Arte se sobrepõem de forma significativa, e que "caos" e "ordem" são apenas uma questão do ponto de vista do observador.

Quando se pede que consultores façam o diagnóstico de uma empresa, eles, primeiramente, constroem um modelo dessa empresa. Cada consultor tem uma caixa de ferramentas própria para isso, mas os suspeitos de praxe estão sempre presentes (Michael Porter vem à mente). Os consultores de Gestão de Valor desenvolveram suas inúmeras variantes da fórmula de Valor Presente Líquido.[79]

Os consultores de desenvolvimento organizacional têm seus próprios favoritos: Bennis, Beckhard e Schein.

---

[78]Stephen Wolfram, *A New Kind of Science*, Wolfram Media Inc., 2002. Wolfram, famoso por ter criado o software Mathematica, propõe nesse imenso tratado uma forma inteiramente nova de se enxergar o mundo.
[79]Vide o verbete **Valor, Gestão de**.

Mas ferramentas para desenhar e redesenhar empresas (em que pese a advertência de Chandler, repetida há décadas, de que a Estrutura deve refletir a Estratégia)[80] chamam a atenção pela ausência. Esse esforço normalmente só recebe uma atenção de última hora ou, o que é pior, acaba vítima do capricho e da moda. Todos nós nos lembramos do entusiasmo com as organizações matriciais. E, durante o boom das pontocom, até mesmo os formigueiros e as colônias virais foram propostos como modelos de como as pessoas deveriam se organizar. Surgiram, inclusive, modelos híbridos, como a L'Oréal, francamente bem-sucedida em sobrepor uma matriz bidimensional, combinando geografias e famílias de produtos, no que eles chamam de modelo organizacional de "banda de jazz", para estimular a improvisação e a criatividade no nível individual.

Como Wolfram disse, ordem e caos consistem apenas numa questão de perspectiva. E desenhar a estrutura organizacional de algumas dessas empresas, mesmo que só no papel, pode ser um exercício frustrante.[81]

Jay Galbraith dedicou sua vida profissional inteira a desenhar empresas e seu livro mais recente[82] resume essa viagem, quase inteiramente solitária.

Gostaria de propor um modelo de Arte/Artesanato/Ciência para investigar a natureza do trabalho e de que forma as pessoas se organizam para produzir bens e prestar serviços. Por ora, permita-me descrever algumas instâncias interessantes dessa taxonomia:

- Empresas de bens de consumo não-duráveis são principalmente Arte (marketing), enquanto seus produtos são projetados com Ciência e produzidos com Artesanato. De fato, no tempo em que as pessoas acreditavam naquelas Declarações de Missão das empresas, a Coca-Cola insistia em que estava no negócio do lazer,

---

[80]Alfred Chandler, op. cit.
[81]"Organigraphs: How Companies Really Work", de Henry Mintzberg. *Harvard Business Review*, setembro de 1999, é uma descrição bem-humorada e provocante disso.
[82]Jay R. Galbraith et alii, op. cit.

as empresas de cosméticos insistiam que estavam no negócio da auto-imagem, e assim por diante. Em última instância, eles queriam pôr mais Arte no que estavam fazendo, para evitar o risco de afundar num ambiente dominado pela Ciência e, assim, perder o contato com o cliente.

- A combinação muda conforme a hierarquia: os executivos de escalão mais alto gastam a maior parte de seu tempo no domínio da Arte, algum tempo no domínio do Artesanato e muito pouco no da Ciência. Exceto quando estão tentando criar uma empresa de alta tecnologia, quando, então, a Arte cede o lugar principal à Ciência, o que pode ser um desastre, já que normalmente há um monte de gente reportando-se a ele que pode cuidar muito melhor que ele do tema Ciência.
- A combinação também mudará dependendo do estágio de desenvolvimento de produto em que se está. Considere o caso das empresas automobilísticas: novos modelos de carros começam como Ciência (pesquisa de mercado), partem para o domínio da Arte (projeto dos carros) e, daí, entram em produção, basicamente como Artesanato. Mas é preciso muita Arte (publicidade) para vendê-los!
- Algumas profissões mudam significativamente com o tempo. Como mencionei antes, o século XX foi testemunha da Ciência devorando a Arte, ou o Artesanato, ou ambos. Os *headhunters*, 20 anos atrás, costumavam praticar 50% Arte, 45% Artesanato e 5% Ciência. Hoje em dia, essa proporção é mais tipo 20% Arte, 40% Artesanato e 40% Ciência. Quando os mecanismos de armazenamento eram caros, os programadores de computador faziam um cuidadoso Artesanato de cada linha de seus programas, para minimizar o uso da memória. Hoje em dia, os programas de computador demonstram muito mais Ciência do que Arte.
- Às vezes, há diferenças significativas dentro de uma mesma profissão: por exemplo, os mecânicos de carros alemães praticam 10% Arte, 40% Artesanato e 50% Ciência. Os mecânicos de carros

franceses, por outro lado, praticam 50% Arte, 40% Artesanato e 10% Ciência!
- Algumas pessoas são particularmente boas em equilibrar Arte, Artesanato e Ciência. Leonardo da Vinci – que enxergava os três como um contínuo – é seu mestre.
- E – por último – fazer um bom vinho é provavelmente um dos poucos exemplos de equilíbrio perfeito: 1/3 Arte, 1/3 Artesanato, 1/3 Ciência.

Além de uma metodologia para desenhar e redesenhar empresas numa escala mais humana, esse construto Arte/Artesanato/Ciência também pode gerar outros desdobramentos interessantes (e o leitor queira me desculpar por soar pretensioso) como ferramentas de Avaliação e modelo de Coaching, com possíveis reverberações nas áreas de recrutamento, treinamento, desenvolvimento, promoção e sucessão.

Perguntas pertinentes (sem ordem específica):

- As pessoas que pretendem fazer grandes mudanças profissionais procuram uma combinação de Arte/Artesanato/Ciência semelhante à que elas têm no momento, ou será que buscam algo mais próximo do *avesso* da atual?
- As pessoas que estejam organizando equipes com determinado fim deveriam se preocupar em juntar pessoas com o mesmo perfil de Arte/Artesanato/Ciência? Ou a "biodiversidade" numa equipe seria uma questão de misturar perfis de Arte/Artesanato/Ciência completamente diferentes? Como corolário, os Coaches, quando encarregados de ajustar equipes que estejam funcionando mal, deveriam se preocupar em identificar o perfil Arte/Artesanato/Ciência coletivo ideal para o atingimento dos objetivos, e depois procurar enxergar nos integrantes uma mistura de perfis individuais cuja resultante seja o perfil coletivo?
- As pessoas têm uma "zona de conforto", isto é, uma combinação específica de Arte/Artesanato/Ciência em que se sentem mais fe-

lizes? Será que essa é uma solução ideal ou será que a produtividade é uma questão de pressionar a combinação de Arte/Artesanato/Ciência, de modo que a pessoa seja desafiada o suficiente?
- Será que o Fluxo, aquele estado de graça pesquisado e descrito por Csikszentmihaly,[83] é o alcance temporário de certo tipo de combinação pessoal ótima de Arte/Artesanato/Ciência?
- E devido ao fato de que atividades humanas extremamente diferentes às vezes, por acaso, compartilham perfis Arte/Artesanato/Ciência muito semelhantes, será que estamos sugerindo a existência de uma *meta*descrição de cargo?

TRAJETÓRIAS (DE CARREIRA)

Quero mostrar uma taxonomia simples, proposta por Brousseau et alii,[84] que parece ser capaz de descrever a trajetória profissional da maioria das pessoas:

Linear: Esta trajetória descreve progresso linear e vertical pela hierarquia. É aquele folclore do cara que entrou para o Citi logo após um diploma de Engenharia na Poli da USP, mais um MBA da FGV, e foi para a área de Pessoa Jurídica como Analista de Crédito, depois galgou postos de responsabilidade crescente, linearmente e na vertical, mudou de banco duas vezes, e 23 anos depois foi promovido a presidente de um quarto banco. Esta é a típica trajetória de "antigamente" e por isso mesmo de todas as quatro é a trajetória com que a maioria das empresas lida melhor. Nada de errado nisso, mas é importante você prestar atenção se o modelo de desenvolvimento de carreira de sua empresa não é excessivamente focado na trajetória linear.

---

[83]Mihaly Csikszentmihaly, *A Descoberta do Fluxo*. Rocco, 1999.
[84]Kenneth R. Brousseau, Michal J. Driver, Gary Hourihan e Rikard Larsson, "The Seasoned Executive's Decision Making Style". *Harvard Business Review*, fevereiro de 2006.

Espiral: Cada promoção é precedida por um ou mais movimentos laterais. É semelhante à linear apenas no sentido de que a trajetória básica é na vertical. Mas gera uma experiência de carreira muito mais rica, de duas maneiras diferentes: a) mover uma pessoa entre, por exemplo, Tesouraria, Controladoria, Orçamentos e Custos, antes de promovê-la a diretor financeiro, e assim permitir que tenha experiência direta com o trabalho de seus futuros subordinados e b) enxergar o Cliente de forma muito mais rica, e proporcionar uma amplitude de conhecimentos muito maior com, por exemplo, movimentos laterais entre Vendas, Marketing, Logística e Produção. Algumas empresas exigem trajetórias espirais em alguns departamentos (eu já vi os dois exemplos em a e b como procedimento formal em diversas empresas).

Especialista: O Especialista é autoridade sobre determinado assunto e não quer nem deve ser promovido. Seu desafio é resolver a mesma classe de problema toda segunda-feira, mas sempre com algum aprimoramento incremental sobre a solução anterior. Se você o promover, ele vai ficar zangado porque você o distanciou de sua classe favorita de problemas. Algumas profissões (exemplos: advogado em empresas e geofísico em empresas de petróleo) se prestam a trajetórias de Especialista, mas eu já vi Especialistas na área comercial (um gerente de vendas de pneus agrícolas que estava há 30 anos na mesma posição) e na área financeira (Especialista em tributos indiretos). A maioria das empresas não lida bem com a trajetória do Especialista, e raramente os trata como profissionais de primeira linha, quando muitas vezes o Especialista traz consigo conhecimento crítico para o sucesso continuado da organização.

Transitório: Este profissional gosta de lidar com determinada classe de problemas que a nomenclatura dos cargos da empresa não consegue descrever adequadamente. Preferem criar coisas novas, e encerrar atividades das quais a empresa deseja se afastar, a pilotar negócios que estejam, digamos, voando em altitude de cruzeiro. Muitas vezes são pessoas cuja índole não suporta a rotina e não lida bem com a repetição. Algumas empresas deliberadamente fazem passar todos os seus jovens talentos por uns três a cinco anos transitórios. O candidato Transitório enlouquece os *headhunters* tradicionais, porque o *curriculum vitae* de um Transitório parece não ter norte. Só uma leitura mais cuidadosa, provavelmente seguida de uma entrevista, pode mostrar o panorama completo de um Transitório. Embora raramente o admita, a maioria das empresas trata o Transitório como um mal necessário que escapa à classificação. Não há nada de errado nisso, desde que os Transitórios não entrem no ciclo de avaliação de desempenho da empresa em situação de inferioridade.

Nada impede que uma pessoa passe cinco anos como Especialista, depois 12 anos como Transitório, ou que outra cuja carreira seja essencialmente linear tenha tido uma ou duas passagens pelo Espiral. Pelo contrário: tenho a impressão de que pessoas que tiveram mais de uma trajetória lucraram muito com isso, pessoal e profissionalmente.

TRANSPARÊNCIA

Antes da Enron, todas as comunicações das empresas de capital aberto eram cuidadosamente produzidas pelos respectivos departamentos de relações públicas. O que acabava chegando ao domínio público era muitas vezes sem significado ou podia levar a conclusões incorretas.

Parece que se inicia a era da Transparência Radical. As empresas a abraçam como ferramenta de Gestão de Valor, e a psicologia por trás disso parece ser a seguinte: *se você não pode ser totalmente competente, pode pelo menos tentar ser totalmente honesto.*

Agora Doug Foshee, o presidente da El Paso, conta no site www.elpaso.com os problemas da empresa, que já foram muito piores, e os incríveis esforços que tem feito para corrigi-los. A Microsoft planta câmeras em alguma das salas em que as pessoas estão discutindo novos produtos e alimenta o site da empresa em tempo real.[85]

---

[85] Seja bem-vindo ao mundo incrível da Transparência Radical. Leia mais sobre isso na edição de abril de 2007 da revista *Wired*, clicando em www.wired.com.

VALOR, GESTÃO DE

Trata-se de um *corpus* de conhecimento associado a técnicas de calcular e gerenciar o valor de um projeto ou de uma empresa. Há muito, a disciplina Gestão de Valor transcendeu a área de finanças: observe isso ao visitar o portal www.valuebasedmanagement.net. Baseado nas teorias de Franco Modigliani e Merton Miller, publicadas no final dos anos 60, demonstra que o valor de um ativo é a soma de seus fluxos de caixa futuros, cada um descontado ao valor presente por uma taxa de desconto que reflita adequadamente sua volatilidade. Todo executivo precisa entender pelo menos os fundamentos de Gestão de Valor, para poder defender investimentos pela empresa (e terceiros) em projetos na sua área. Se você só vai procurar um livro sobre o tema, leia o *Valuation*.[86]

VIDA

O que é equilíbrio entre trabalho e vida pessoal? É a capacidade de ser um profissional fora de série e, ao mesmo tempo, ter uma vida pessoal e familiar da melhor qualidade. Isso exige conhecer suas prioridades, ser altamente organizado e entender as maneiras sutis que as empresas usam para pressionar seus botões *workaholic*.[87] Como qualquer outra habilidade, o equilíbrio entre trabalho e vida pessoal pode ser aprendido, sem falar que dominar essa habilidade pode salvar sua vida!

Em primeiro lugar, você tem de definir quais são suas prioridades, isto é, como você está gastando seu tempo acordado:[88]

- Certifique-se de que suas prioridades são *suas* e de mais ninguém. Entreviste vários executivos que se esforçam para seguir agendas

---

[86]Copeland, Thomas, Koller, Thomas e Murrin, Tim: *Valuation: Measuring and Managing the Value of Companies*. Nova York: John Wiley and Sons, 2000.

[87]Vide o verbete **Workaholism**.

[88]As idéias a seguir são inspiradas no livro de Jerry Porras, Stewart Emery e Mark Thomas, *Sucesso Feito para Durar – Histórias de Pessoas que Fazem a Diferença*. São Paulo: Bookman, 2007.

que são, na verdade, de seus pais, de seu cônjuge ou são algo que eles acham que irá formalizar sua entrada em um ou mais grupos de referência.

- A carreira que você escolher deve ser algo que realmente o motive, independentemente do dinheiro, da fama e do poder, os quais vêm a reboque. A regra para descobrir isso é a seguinte: você está na área errada se achar tedioso/doloroso adquirir o conhecimento especializado necessário. Lembre-se de que os símbolos de status são só "coisas". Conheço várias pessoas que têm casas, carros e barcos chiques, mas são infelizes devido a todas as concessões que tiveram de fazer para chegar lá.
- Nutra pelo menos um interesse sério fora do trabalho e da família, seja ele viagem, um esporte, um hobby e/ou um campo de estudo/leitura. Em primeiro lugar, certifique-se de que você está pensando em todas as possibilidades à luz dos dois critérios anteriores. Depois, seja criativo em suas escolhas e dedique-se a elas. Se uma delas for fazer uma coleção, faça com que ela seja realmente incomum: vasos Ming são muito mais interessantes do que selos. Cuidado para não escolher atividades que, na verdade, sejam formas disfarçadas de trabalho. Você também se tornará uma pessoa bem mais interessante: lembre-se de todas as pessoas chatas que já encontrou em festas, que "degustavam" vinho ou "sabiam alguma coisa" sobre a Itália, e como se sentiu atraído, nas mesmas festas, por pessoas profundas que realmente sabiam do que estavam falando.

Agora, estruture com cuidado seu tempo de trabalho:

Estabeleça algumas prioridades mensuráveis. Sua lista deve incluir quantas horas você gostaria de trabalhar por semana, quantos dias de folga você quer ter por ano, quanto tempo por ano você gostaria de dedicar a treinamento, desenvolvimento, simpósios e seminários, e quantas noites por ano você quer dormir em sua própria cama. Comece com uma lista de coisas, negociada com seu chefe, que você pretende realizar em um ou dois anos, depois acrescente seus itens de interesse pessoal.

Todos temos emergências, projetos especiais e prazos apertados, então é certo que, com freqüência, você infrinja essas metas. Por isso é tão importante: (1) prever uma folga em seu cronograma (talvez de 15% a 20% de seu tempo de trabalho total) para lidar com situações imprevistas, e (2) fazer um esforço consciente para voltar às suas prioridades originais tão logo esses imprevistos sejam sanados.

Lembre-se de que um executivo realmente eficaz gasta 15% de seu tempo com o Desenvolvimento de Outras Pessoas e mais 15% com o Futuro.[89] Então, se sua meta é trabalhar 56 horas por semana, certifique-se de que gasta, em média, oito horas por semana com o Desenvolvimento de Outras Pessoas e outras oito horas por semana com o Futuro.

Organize suas prioridades em Importantes mas não Urgentes, Urgentes mas não Importantes, tão Importantes quanto Urgentes e nem Importantes nem Urgentes (mas que, se não forem resolvidas, gradualmente migrarão para uma das outras três categorias). Sob a categoria Importante mas não Urgente, você deve relacionar todos os seus projetos e prioridades de médio e longo prazos. É a única forma de evitar ser sugado por sua carga diária de trabalho para um mundo que é todo operacional e não tem nada de estratégico. Alguns executivos incluem uma meta pessoal de desenvolvimento nessa lista, como, por exemplo, "melhorar minha capacidade de lidar com questões interpessoais".[90]

---

[89]Estou em dívida com Mary Beth O'Neill em relação a esses dois indicadores. Leia mais a esse respeito em seu livro, *Executive Coaching with Backbone and Heart*.

[90]Se não lhe ocorrer nenhuma meta de desenvolvimento pessoal, dê uma olhada no verbete **Descarrilhamento**.

WORKAHOLISMO

Em 2003, li *Chained to the Desk* [Acorrentado à mesa de trabalho], de Bryan Robinson,[91] como parte dos pré-requisitos do meu credenciamento como coach pelo Hudson Institute de Santa Barbara, Califórnia. O autor define *workaholismo* como um vício e uma doença. A definição completa é

> *"Um distúrbio obsessivo-compulsivo que se manifesta através de exigências auto-impostas, uma incapacidade de ajustar hábitos de trabalho e uma tendência a supervalorizar o trabalho, em detrimento da maioria das outras atividades da vida."*

Minha primeira reação foi "Preciso indicar um terapeuta para essas pessoas", mas, ao continuar a ler, comecei a pensar de que forma um coach pode realmente apoiar um cliente ao descobrir que tipo de relação tem com o trabalho e ajudá-lo a desenvolver um plano para estabelecer limites e nutrir a idéia de moderação sem ir fundo nas razões psicológicas desse distúrbio. Esse livro analisa em detalhes as possíveis causas do *workaholismo*.

Todo *workaholic* apresenta um ou mais dos seguintes comportamentos: obsessão com o futuro, negligência consigo mesmo, dificuldade em pedir ajuda, fanatismo por controle, perfeccionismo obsessivo, esforço para agradar os outros e tendência a se colocar no papel de vítima.

E os *workaholics* reclamam que são rejeitados, passam muito tempo se justificando, tendem a pôr a culpa nos outros e/ou comportam-se muitas vezes como super-heróis ou mártires. Ser viciado em trabalho também afeta as famílias e os colegas de trabalho do *workaholic*.

Há dois testes no livro: o primeiro é o Teste de Risco ao Vício por Trabalho (que apliquei em um cliente, o que o ajudou a estabelecer limites com seu chefe) e um Teste de Nível de Carência. Ambos os testes têm o objetivo de ajudar o cliente a criar um Plano Individual de Recu-

---

[91]Bryan Robinson, op. cit. A tradução é minha.

peração. Reconhecer o ponto em que se está, como primeiro passo para baixar sua resistência à mudança, é o tema principal desses testes.

E como lidar com um chefe *workaholic*? Mesmo que você não seja um *workaholic*, certamente já se reportou a um... Estabeleça limites, seja equilibrado, tenha tato e firmeza ao mesmo tempo, peça para ele verbalizar as expectativas que tem a seu respeito e crie um grupo de apoio para si.

REFERÊNCIAS

Marcados com *, todos publicados em português, minha recomendação do que seria a biblioteca mínima para um executivo ter à mão em sua mesa de trabalho.

"A Survey of the Company". *The Economist*, 21 de janeiro de 2006.

Adler, Lou. *Hire with your Head: A Rational Way to Make a Gut Decision*. Nova York: John Wiley & Sons, 2002.

Brousseau, Kenneth R., Driver, Michael J., Hourihan, Gary e Larsson, Rikard. "The Seasoned Executive's Decision Making Style". Boston: *Harvard Business Review*, fevereiro de 2006.

Brown, Scott. "Get Naked and Rule the World", revista *Wired*, abril de 2007.

Chan, James. *Spare Room Tycoon: The Seventy Lessons of Sane Self-employment*. Nicholas Brealey Publishing, 2000.

Chandler, Alfred: *Strategy and Structure*. Cambridge, Mass: MIT Press, 1990.

Charan, Ram e Bossidy, Larry. *Execução: A Disciplina para Atingir Resultados*. Rio de Janeiro: Campus/Elsevier, 2004.

*Christensen, Clayton, Roth, Erik e Anthony, Scott. *O Futuro da Inovação*. Rio de Janeiro: Campus/Elsevier, 2007.

Clayton Christensen. *The Economist*, 7 fevereiro 2005.

Conger, Jay e Fulmer, Robert. "Developing your Leadership Pipeline". *Harvard Business Review*, dezembro de 2003.

Copeland, Thomas, Koller, Thomas e Murrin, Tim. *Valuation: Measuring and Managing the Value of Companies*. Nova York: John Wiley & Sons, 2000.

Csikszentmihaly, Mihaly. *A Descoberta do Fluxo*. Rio de Janeiro: Rocco, 1999.

Davenport, Thomas H. *Thinking for a Living: How to get better Performance and Results from Knowledge Workers.* Boston: Harvard Business School Press, 2005.

Edvinsson, Leif. *Corporate Longitude: What You Need to Know to Navigate the Knowledge Economy.* Prentice-Hall, 1999.

Fisher, Roger e Ury, William. *Como Chegar ao Sim: A Negociação de Acordos sem Concessões.* 2ª ed. Rio de Janeiro: Imago, 2005.

Galbraith, Jay R. *Matrix Organization Designs: How to Combine Matrix and Project Forms.* Breckenridge, Colorado: Galbraith Associates, 1971, em http://www.jaygalbraith.com/pdfs/galbraithmatrix1971.pdf

Galbraith, Jay R. *Star Model*, em http://www.jaygalbraith.com/services/starmodel.html

Galbraith, Jay, Downey, Diane e Kates, Amy: *Designing Dynamic Organizations.* AMACOM, 2002.

Galbraith, Jay R. *Designing Organizations: An Executive Guide to Strategy, Structure and Process Revised.* San Francisco: Jossey-Bass, 1995.

Giles, Russell. *Competency Cards.* In: www.interviewedge.com.

Hersey, John e Blanchard, Ken. *Situational Leadership*, em www.12manage.com/methods_blanchard_situational_leadership.html

Hewlett, Sylvia Ann, Luce, Carolyn Buck, Schiller, Peggy e Southwell, Sandra. "Off Ramps and On Ramps: Keeping Talented Women on the Road to Success". *Harvard Business Review Research Report*, 2005, in www.womenscareersreport.hbr.org.

"How to Read a Financial Report". Nova York: Merrill Lynch, 1986.

Hudson, Frederic e McLean, Pamela. *LifeLaunch.* 4ª ed. Santa Barbara: Hudson Press, 2002.

*Katzenbach, Jon R. *Equipes Campeãs: Desenvolvendo o Verdadeiro Potencial de Equipes.* Rio de Janeiro; Campus/Elsevier, 2001.

Katzenbach, Jon R. e Smith, Douglas K. *Equipes de Alta Performance.* Rio de Janeiro: Campus/Elsevier, 2002.

Kruger, Pamela. *Make Smarter Mistakes*, número 11 (dezembro de 2007) da revista *Fast Company*, In: www.fastcompany.com/magazine/11/mistakes.html

Leach, Joy et alii, www.presentwithpower.com

Lev, Baruch. *Intangibles: Management, Measurement, and Reporting.* Washington: Brookings Institution Press.

Masi, Domenico de. *Fantasia e Concretezza: Creatività e Gruppi Creativi*, Rizzoli 2003. [No Brasil, publicado em 2005, em dois volumes, pela Editora Sextante, intitulado *Criatividade e Grupos Criativos: Descoberta e Invenção*, e está esgotado.]

Maurer, Rick. *Beyond the Wall of Resistance: Unconventional Strategies that Build Support for Change*. Austin, Texas: Bard Press, 1996.

Michaels, Ed, Handfield-Jones, Helen e Axelrod, Beth. *The War for Talent* in http://www.mckinsey.com/clientservice/organizationleadership/warfortalent/index.asp.

Mintzberg, Henry. "Organigraphs: How Companies Really Work". *Harvard Business Review*, setembro de 1999.

Morrissey, John e Slack, Sherran. *Derailing Behaviors*. Documento de circulação interna do Hudson Institute, 2005.

Mourkogiannis, Nikos. *Purpose: The Starting Point of Great Companies*. Londres: Palgrave Macmillan, 2006.

*Neilson, Gary L. e Pasternack, Bruce A. *Resultados – mantenha o que está certo, corrija o que está errado e obtenha um ótimo desempenho*. Rio de Janeiro: Rocco, 2007.

O'Neill, Mary Beth. *Executive Coaching with Backbone and Heart: A Systems Approach to Engaging Others with Their Challenges*. 2ª ed. San Francisco: Jossey-Bass, Wiley Company, 2007.

OECD. Principles of Corporate Governance (Manual de Princípios de Governança Corporativa), Organization for Economic Cooperation and Development, http://www.oecd.org/dataoecd/32/18/31557724.pdf

"One for All or One for One? The Trade-off Between Talent and Disruptive Behavior". Wharton School, 30 de novembro de 2005 http://www.knowledge.wharton.upenn.edu/article.cfm?articleid=1322.

*Patterson, Kerry, Grenny, Joseph, McMillan, Ron e Switzler, Al. *Conversas Decisivas*. Rio de Janeiro: Campus/Elsevier, 2002.

Peebles, Ellen. "And now, a word from our Sponsor". *Harvard Business Review*, outubro de 2003.

Pesquisa sobre Rotatividade no Mercado de Trabalho, *Gazeta Mercantil*, 7 de dezembro de 2006.

"Plateauing: Redefining Success at Work". Wharton School, 4 de outubro de 2006, http://knowledge.wharton.upenn.edu/article.cfm?articleid=1564

Porras, Jerry, Emery, Stewart e Thomas, Mark. *Sucesso Feito para Durar – Histórias de Pessoas que Fazem a Diferença*. São Paulo: Bookman, 2007.

Rackham, Neil. *SPIN Selling*. Nova York: McGraw-Hill, 1988.

Robinson, Bryan: *Chained to the Desk: A Guide for Workaholics, Their Partners and Children, and the Clinicians Who Treat Them*. 2ª ed. Nova York: New York University Press, 2007.

Schaef, Anne Wilson e Fassel, Diane. *The Addictive Organization: Why We Overwork, Cover Up, Pick Up the Pieces, Please the Boss and Perpetuate Sick Organizations*. Nova York: Harper Collins, 1990.

Schein, Edgar. *Organizational Culture and Leadership*. 3ª ed. Nova York: John Wiley & Sons, 2004 (1985).

Schein, Edgar. *The Corporate Culture Survival Guide: Sense and Nonsense about Cultural Change*. Nova York: Jossey-Bass/John Wiley & Sons, 1999.

*Senge, Peter M. *A Quinta Disciplina*. Rio de Janeiro: Best Seller, 2007.

Sutton, Robert. *The No Asshole Rule: Building a Civilized Workplace and Surviving One That Isn't*. Nova York: Warner Business Books, 2007.

Tharp, Twyla. *The Creative Habit: Learn It and Use it for Life*. Nova York: Simon & Schuster, 2003.

Tufte, Edward R. *The Cognitive Style of PowerPoint*. Cheshire, Connecticut Graphics Press, 2003. In www.edwardtufte.com.

*Vaill, Peter. *Aprendendo Sempre: Estratégias para Sobreviver num Mundo em Permanente Mutação*. São Paulo: Futura, 1997.

Wolfram, Stephen. *A New Kind of Science*, Champaign, Ill: Wolfram Media Inc., 2002.

*Zander, Rosamunde e Zander, Benjamin. *A Arte da Possibilidade*. Rio de Janeiro: Campus/Elsevier, 2001.

"Will You Make a Good Interim Manager?". Londres: Interim Management Association, http://www.interimmanagement.uk.com/pages/good-interim-manager.aspx.

Conheça outros livros da Alta Books

Resiliência

Quanto Custa Ficar Rico?

Novas Organizações para Uma Nova Economia

O Coração da Mudança

Inteligência Financeira na Empresa

Conduza a Sua Carreira

Imunidade à Mudança

Alinhamento

Liderando Mudanças

Integração de Idéias

Design de Negócios